亲子关系

有温度的沟通，感受有温度的爱

杜小艾◎著

中国铁道出版社有限公司

CHINA RAILWAY PUBLISHING HOUSE CO., LTD.

图书在版编目（CIP）数据

亲子关系：有温度的沟通，感受有温度的爱／杜小艾著．—北京：中国铁道出版社有限公司，2022.5
ISBN 978-7-113-28654-5

Ⅰ．①亲…　Ⅱ．①杜…　Ⅲ．①亲子关系-家庭教育
Ⅳ．① G78

中国版本图书馆 CIP 数据核字（2021）第 267909 号

书　　名：亲子关系——有温度的沟通，感受有温度的爱
　　　　　QINZI GUANXI
　　　　　YOU WENDU DE GOUTONG， GANSHOU YOU WENDU DE AI

作　　者：杜小艾

策划编辑：巨　凤
责任编辑：陈晓钟　　　　　编辑部电话：（010）83545974
装帧设计：闰江文化
责任校对：安海燕
责任印制：赵星辰

出版发行：中国铁道出版社有限公司（100054，北京市西城区右安门西街 8 号）
印　　刷：北京铭成印刷有限公司
版　　次：2022 年 5 月第 1 版　2022 年 5 月第 1 次印刷
开　　本：880 mm×1 230 mm　1/32　印张：7.25　字数：175 千
书　　号：ISBN 978-7-113-28654-5
定　　价：59.80 元

2016 年，30 岁那年，我成为一个小女孩的妈妈，也开始了自己的全职妈妈生涯。

在这之前，我从未想过有一天自己会成为全职妈妈，父母也非常不理解：一个研究生，读了这么多年的书，居然要在家看孩子！

如今回看这 5 年，有过慌乱，有过焦虑，有过迷茫，但更多的是收获和欣喜。

这 5 年，是一段美妙的亲子旅程

当妈的都知道，带孩子真的很辛苦，尤其是第一年，24 小时随时在线，哄睡、喂奶……缺觉、缺自由，很难想象，那时候最喜欢的事情是"上厕所"，毕竟那是唯一可以追求自由的地方。

不过，很辛苦，却也很幸福。

我陪着女儿一起经历了无数个跨越式的成长：会叫妈妈了，会翻身了，会爬了，长第一颗牙了，会走路了，会自己上厕所了，会完整地背一首古诗了……

我也曾努力去读取她的成长密码：在她"语无伦次"或者天马行空地表达着自己的想法时，我能够读懂她的需求；在她哭闹发脾气的时候，我能够读懂她背后的委屈；在她表现出好奇和兴趣时，我能够给予最大的接纳和引导。

这样的陪伴下，女儿善于表达爱，喜欢把"我爱你""我爱爸爸妈妈"挂在嘴边，也喜欢跟我分享幼儿园里的事情：今天谁过生日了，做操的时候谁调皮了，好朋友新买了一个什么玩具……

这5年，也是一段快速提升的自我增值期

为了更好地照顾和教育孩子，我全面系统地学习了儿童心理学和家庭教育方面的知识，在此基础上，结合自己的养育实践，我用手中的笔将多年总结出的经验、方法传播出去，成为多家育儿平台的签约作者。

我是千万大号"凯叔讲故事"的十佳作者，文章以原创或转载的形式散见于凯叔讲故事、亲宝宝育儿、有书、十点读书、洞见等平台，有10万+爆文，更有100万+爆文，全网阅读量超过1亿。其中，《疯传的分房睡年龄，坑了无数孩子》《养女儿，这5个分龄养育要点，越早知道越好》等文章被各大平台转载。

在养娃和写作的5年里，我接触过很多焦虑的妈妈，也看到过无数条焦虑的留言，大家都在发出同样的疑问：

孩子到底需要一个什么样的妈妈？

妈妈怎么做，才是真的为了孩子好？

什么样的亲子关系才是良性的关系？

在回答这些困惑之前，我先问大家几个问题：

作为子女，你喜欢跟父母分享心事吗？喜欢报喜不报忧吗？遇到问题会找父母求助吗？会经常跟父母说"我爱你"吗？

作为父母，面对上面的问题，你希望孩子跟你有同样的答案吗？

我是个报喜不报忧的人，也一度以为这才是对父母的"孝顺"，可是直到做了妈妈以后，我才体会到那种希望孩子报忧的心情。

在网络上看到太多的孩子受了欺负、委屈不敢告诉父母，他们要么撒谎逃避，要么独自忍受，直到酿成悲剧，除了心疼，更多的是反思：

为什么我们的孩子总是选择报喜不报忧？

为什么我们的孩子在遇到问题时，不向父母求助？

我们的父母到底如何给足孩子报忧的底气？

这本书将向大家阐述如何在养育孩子的过程中，通过有温度的沟通，与孩子建立起温暖融洽的亲子关系，给足孩子底气，让他们可以笑对生活，可以想哭就哭，可以向父母报喜也报忧。

第1章，亲子关系对了，你们的世界就对了。 这一章指出好的亲子关系，是孩子敢于告诉父母自己的"忧"，遇到困难的时候，能第一时间想到父母。

在第2~6章中，我分享了很多的方法和实用的小工具，不仅有心理学理论的支撑，还有很多妈妈的反馈、反思，更有我对育儿知识和育儿实践的总结。

第2章，看见：给孩子足够的安全感。 这一章告诉我们孩子需要被"看见"，以及我们到底要看见孩子什么，给出了静态和动态两个视角，不仅要看见孩子，还要让孩子感受到被看见、被接纳。

第3章，共情：让你们的关系更亲密。 什么是真正的共情？这一章引用了"共心共情"的概念，带着大家一起学习调节情绪，用更为稳定平和的情绪去应对孩子的叛逆和哭闹，让这些"闹心"的时刻转化成亲子联结的机会。

第4章，鼓励：培养阳光乐观的孩子。孩子需要鼓励，就像植物需要水。孩子成长过程中会遇到大大小小的问题，这时候不仅需要在我们的鼓励下积极地面对，更需要在家长的引导下，学着独立解决问题。

第5章，赋能：为孩子的人生助力。这一章告诉家长要有意识地发现、挖掘孩子的潜能，在给孩子报兴趣班时要学会取舍。最重要的是，要培养孩子的选择力，因为只有自己学会了选择，才能更好地书写自己的人生。

第6章，滋养：营造温暖有爱的成长环境。在孩子的成长过程中，爸爸、妈妈需要扮演什么角色，提供什么样的陪伴，这一章会着重讲述。同时，隔代育儿的问题也越来越普遍，如何解决这些问题？对此，我也会进行总结与梳理。

在写作这本书的过程中，我经历了二胎的孕育过程，甚至因为严重的孕吐而暂停写作三个月，感谢编辑老师 Sophie，是她一直耐心地等着我，并一次次给我提出细致的修改意见。同时，感谢插画师子于为本书绘制精美的配图。

感谢我的父母和公婆，你们在生活上对孩子、对我的精心照料，让我有精力、有底气去完成这本书的写作。

感谢我的老公丁先生，从 18 岁相识到今天成为两个孩子的妈妈，这一路，你给了我最大的包容，也给了我太多的支持。

感谢我的两个孩子，是你们让我拥有了一段不一样的人生旅程，这本书送给你们。

目录

亲子关系对了，你们的世界就对了

1.1 好的亲子关系，从这四件事开始

"平和式教养法"的创始人劳拉·马卡姆博士曾经指出，育儿最重要的就是家长和孩子之间要建立温馨的良性关系，80% 的育儿工作是培养感情，20% 的工作是给予指导。

生活中，我们也经常听到类似的说法：亲子关系，对孩子的学习能力、性格培养、婚姻观等会产生重要的影响，甚至会产生代际影响。

好的亲子关系，是一切教育的基础。

好的亲子关系，是孩子一生幸福的起点。

那么，最理想的亲子关系是什么样？父母在孩子成长中扮演什么样的角色？对此，有三种颇具代表性的学说。

❤ **木匠说。** 这一学说将父母比作木匠，孩子则是他们手中精心雕刻的木器。

❤ **园丁说。** 这一学说中，父母是精心培育生态的园丁，让孩子们自由生长为不同的花朵和植物。

❤ **弓箭说。** 这一学说来自黎巴嫩诗人纪伯伦的《论孩子》，"你们是弓，你们的孩子是从弦上发出的生命的箭矢"，它强调了孩子的独立性。

这三种学说各有利弊，但纵观这些观点可以看出，理想的亲子关系都有其共性特点，那就是给孩子足够的爱和陪伴，也给他们足够的成长空间，引导他们挖掘自己的潜能，让他们成为更好的自己。

01 信任孩子，也让孩子信任你

一位妈妈在群里分享过一个小故事：

2月26日 上午11:50

今天 ▮▮▮▮ 第十一天，让心多一个选择，我发现：

1. 拽妞的语文老师发信息给我，说拽拽的小练笔写得很好，很有自己的风格。我去看了，确实写得很好。

但我有句话很想问，"这是你写的吗？是爸爸辅导的吗？"我知道这句话意味着什么，我觉察到我需要信任孩子。

我把老师的评语给妞看，她特别得意。我问她山茶花是什么样的，她开始仔细地给我介绍，花蕊还可以治手痛。我庆幸幸好我没有条件反射地脱口而出。

警觉自己的条件反射，多给孩子一些信任。

❤ 社群妈妈分享故事截图

看了这个小故事，我长舒一口气，这位妈妈幸好没有说出那句话，否则带来的不仅是一场争吵，更有可能是亲子关系的疏离。

《麦兜的故事》中，麦兜的妈妈对麦兜说过一句话，"全世界的人不爱你，我都只爱你；全世界的人不信你，我都只信你；我会爱你爱到心肝里，我会信你信到脚指头里。"

给孩子充分的信任，你能做到吗？要想建立好的亲子关系，父母就要信任孩子，也要让孩子信任你。

要赢得孩子的信任，这两点非常重要：说话算数和帮孩子保守秘密。

（1）说话算话

中国青少年研究中心曾经做过一个关于中小学生学习和生活现状与期望的调查，结果显示，他们对父母最不满意的行为就是"父母说话不算数"，这一选项以 43.6% 的比例高居榜首。而对父母最满意的行为中，排名最靠前的是"信任我"和"说话算数"。

有些父母很喜欢用奖励的方式来激励孩子，"如果各科成绩都在 95 分以上，那就给你买台电脑""如果考全班第一，就带你去迪士尼乐园""如果考上重点高中，就奖励你一部最新款手机"。我小时候也被父母这样鼓励过，其实适度用这种方式去激励孩子，不仅可以激发孩子的潜能，还能以此了解孩子的喜好，拉近彼此的关系。

记得小学三年级的时候，爸爸承诺我考了第一名就带我去动物园。我那个年代的北方农村，条件很艰苦，父母穿的衣服很多都打了补丁，可当我考了第一名，爸爸还是带我去市区逛了一天的动物园。

二十多年过去了，那天看了什么动物我都不记得了，可我依然记得那天的欢喜，记得回来后跟同学讲述那天经历的骄傲，更记得爸爸对我的宠爱。

这里要提醒家长，许诺要慎重，尤其对于物质方式的奖励，要少用、活用，这一部分会在后面章节中具体讲述。如果许诺了，那么家长要尽力去履行诺言。

有温度的沟通，感受有温度的爱

"保守秘密"这一点往往容易被家长所忽视。很多时候，孩子跟我们说了一个小秘密，这个小秘密可能对家长来说不算什么秘密，于是我们转头就告诉了家里其他人或者亲戚朋友。

有些比较隐私的话，尤其是孩子千叮咛万嘱咐"不要告诉别人"的时候，我们一定要信守诺言，不将其透露给别人，哪怕是夫妻、孩子的兄弟姐妹。

只有你帮孩子保守住了小秘密，孩子才有可能跟你讲更多的小秘密。

02 给孩子的成长留白

小时候，由于父母工作比较忙，无暇顾及我们兄妹，于是我们有大把的时间跟小伙伴一起玩耍，跳绳、丢沙包、抓蚂蚱、捉迷藏……我妈现在有时候会感叹："还是现在的孩子幸福啊，被全家捧着，你们小时候哪有这么多玩具，我们哪有这么多时间来照顾你们。"可她不知道，我们有多么怀念跟同伴一起玩耍的童年，怀念那段自由自在的时光。

我小时候的童年

现在孩子的童年

❤ 我们小时候的童年 VS 现在孩子的童年

她更不知道，对于一个孩子来说，"过多的照顾"反而会是一种束缚。

2018年，北大毕业生王猛（化名）的万言文曾经引发关注。从小成绩数一数二、以地级市高考理科状元的身份考取北大、毕业后成为美国知名大学研究生的王猛12年没有回家过春节，6年前将父母的联系方式全部拉黑。在那篇万字长信中，他控诉着父母多年来的"控制"：

小时候，父母总是把他关在家里，喜欢包办所有的事情，按照自己的审美和意愿给他置办衣服，甚至不顾学校老师的要求。

升高中的时候，他想去外地读高中，恰逢父母单位合并成立一所中学，即便这所学校很普通，父母仍然以"你太小不能骑车""你受不了当地名校的竞争"的理由强行将他留在这所学校。

终于离家到北京读大学了，王猛的大姨又在父母的示意下对他进行"过度"照顾：悄悄联系王猛的同学了解他的情况。

王猛的父母不爱他吗？其实仔细看看他的每一条控诉，背后都藏着父母的关爱，只是那些关爱有些"自以为是"和"理所当然"，以致王猛觉得那不是爱，而是"控制"，最终导致了亲子关系的破裂。

亲子关系中，关系大于一切，而关系的前提是"界限感"。

有些父母出于关爱，对孩子管得太多、太细，就像传说中的"直升机父母"，盘旋在孩子上空，时刻监控着孩子的一举一动，不厌精细地照料孩子，一见风吹草动，怀疑孩子可能受到打击，便冲上去保护。除此之外，他们还习惯不停地把自己的经验灌输给孩子，用经验教训给孩子指明"捷径"，希望儿女甚至孙子辈都按照自己的想法过一生。

可孩子是独立的个体，有自己的思想，需要独立的成长空间。面对毫无边界意识的父母，孩子感受到的不是关爱，而是被侵犯，

有温度的沟通，感受有温度的爱

他们长大后有的会很叛逆，而有的又会特别胆小和自卑，长期压抑着自己的情绪。

我国传统艺术中有一种表现手法，叫留白。大家可以去看看国画，它极为讲究留白，这种方式会给人一种言有尽而意无穷的感觉。艺术需要留白，人生需要留白，育儿更需要留白。允许孩子自己去尝试、去犯错、去选择、去成长，给他一方花园，给他足够的养料和空间，看他枝繁叶茂、自由绽放。

留白，意味着一种未知，更意味着无限的可能。给孩子的成长留白，就意味着给了孩子无限成长的可能，也给了父母与孩子更多沟通的可能。

03 鼓励孩子适度依赖

没错，不能一味地鼓励孩子独立，而要适当地鼓励孩子依赖。

很多次在网上看到这样的新闻，有些孩子受了欺负、委屈，不敢告诉父母，要么撒谎逃避，要么独自忍受，直到酿成悲剧。对于这些事情，除了心疼孩子，多多关注孩子的心理健康，我们也需要反思：为什么孩子宁愿忍着痛，甚至放弃生命，也不向父母寻求帮助呢？

在快熬不下去的时候，孩子最需要的就是父母的接纳和鼓励。

《傅雷家书》中有一段话让我印象特别深刻：

"你也已经长大成人，用不着我一再叮嘱。但若你缺少勇气的时候，尽管来信告诉我，我可以替你打气。倘若你心情不好，也老老实实和我谈谈，我可以安慰你，代你解决一些或大或小的烦恼。

"你也不必为此担心，更不必硬压在肚里不告诉我们，心中的苦闷不在家信中发泄，又哪里去发泄呢？孩子不向父母诉苦向谁诉呢？我们不来安慰你，又该谁来安慰你呢？"

这些话说出了很多家长的心声，大家都希望能替儿女分忧，希望能在孩子困难的时候帮他分担一下，但现实生活中，很多父母因为这样那样的原因并未向孩子表达过，久而久之，孩子"逼"着自己学会了坚强，即使遇到熬不过去的坎儿，也不轻易找父母诉苦和求助。

好的亲子关系，需要父母成为孩子愿意依赖的人。

当然这种依赖是适度的，这种依赖有助于孩子在依靠他人的同时更好地独立。《关系：适度依赖让我们走得更近》中提到，"**适度依赖是这样一种能力：让你融合亲密和自主，在依靠他人的同时仍保持强大的自我意识，并且在需要时乐于请求别人的帮助，而不觉得自责。**"

在孩子足够独立前，鼓励孩子适度依赖我们，依赖的需求满足了，依恋的根基扎稳了，孩子才能真正独立。

04 陪伴，跟孩子共同成长

有句话说，陪伴是最长情的告白。即便我们跟孩子有血缘关系，情感的联结也需要时间的沉淀和累积。

关于陪伴的重要性，相信大家应该听得很多了，也意识到了这一点，但生活不易，我们不得不面临"放下工作养不起你，拿起工作陪不了你"的现实。这时候，我们不能妥协地选择"放弃陪伴"，而是要想方设法找到更好的陪伴方式。

比如可以打造一段专属于你和孩子的"亲子时间"。拿我家的例子来说，爸爸有段时间去外地出差，他每天晚上都会跟可乐视频通话半个小时，问问可乐一天做了什么，再说说自己一天做了什么，

有温度的沟通，感受有温度的爱

等他回来后，可乐跟爸爸没有半点陌生感。

根据实际情况打造一段"亲子时间"，不管是时间还是形式都可以很随意。有位妈妈经常出差，她选择了每次出差时给儿子写信的形式，儿子读信的时间就成了专属于他们的"亲子时间"。

跟孩子一起阅读、旅行、看电影，一起去博物馆，它们都是亲子陪伴的重要方式。更多的亲子陪伴方式，以及每个年龄阶段父母陪伴孩子的侧重点有什么不同，我会在后面章节为大家详细讲述。

陪伴孩子，不是简单地陪着，而是跟孩子一起去交流，跟孩子一起成长。父母了解孩子的成长变化，懂得孩子情绪背后的需求，就不会轻易地质疑孩子、忽视孩子，而能够及时满足孩子的需求，给他指引方向，让孩子适度依赖父母，更加亲近父母，从而得到更好的成长。

1.2 孩子有这些表现，说明你们的亲子关系好

"儿子以前跟我很亲，怎么现在什么都不愿跟我说了？"

"要不是别的家长问我，我都不知道女儿在学校受了欺负！"

"孩子最近像个行走的炸药包，一言不合就开炸。"

这是很多妈妈的吐槽，言语中充满了困惑和焦虑。

儿童行为心理学家戈登·诺伊费尔德博士指出，所有行为问题的背后，几乎都是关系问题。 孩子在成长中会出现各种各样的问题，跟小朋友打架、上课不认真听讲、黏人、叛逆……问题出现时，不要只关注问题本身，而要多想一想是不是你们的亲子关系出了问题。

亲子关系好了，父母自然知道孩子喜欢什么样的亲子相处方式，也能够捕捉到孩子最近发生了什么变化，她有什么需求。

那么，你和孩子的关系到底如何呢？**判断一段亲子关系好不好，关键不在养育技巧，而在于日积月累的陪伴、观察和理解。**

01 喜欢跟父母分享生活

"当你有了心里话，你最想跟谁说？"有研究机构对此做了调查，

有温度的沟通，感受有温度的爱

结果显示，大多数的孩子会选择跟自己的好朋友说，只有20%左右的孩子选择跟父母说，而且随着年龄的增长，这一比例也在逐渐下降。

其实这种感受我们自己也有过，小时候回到家，恨不得把学校里发生的所有事，有趣的、受委屈的、开心的、无厘头的，都讲给爸爸妈妈听，可是后来到了中学、大学，说得就越来越少了。这背后的原因，除了我们自己的成长以及社交圈子的扩大外，很重要的一点是，在亲子沟通中，我们对父母的信任和依赖变少了。

当孩子严肃认真地把自以为很重大的事情讲给父母听时，父母却觉得"多大点事儿啊"；当孩子满心期待地把90分的卷子拿给父母，父母却把关注点放在那丢失的10分上……慢慢地，孩子有什么话也不喜欢跟父母分享了。

有次我去一位朋友家做客，期间有电话找朋友的女儿菲菲，朋友悄悄跟我说打电话的是一个喜欢菲菲的小男生。我第一反应是她们母女关系也太好了吧，10岁的孩子居然连这种事情都跟妈妈说，要知道多少孩子对父母避之不及呢。

这位朋友骄傲地跟我说，女儿很喜欢跟她分享学校里好玩的事情。其实孩子都有这种"跟父母倾诉"的本能，当孩子在你这里感受到了安全和信任，也感受到了尊重和平等时，她就乐意跟你分享她的故事；而当你们之间缺少了这份尊重和信任时，这扇沟通的大门自然会慢慢被关上了。

女儿可乐出生后，我一直跟她说"什么事情都可以跟妈妈说"，我期待着她能跟我分享她的生活，包括一些小秘密，也期待着这种亲密的亲子关系可以尽可能地保持长久。

当然，喜欢跟父母分享生活，有话可说，并不代表"无话不说"，孩子也需要有自己的小秘密，父母也不要强求孩子什么都跟你说。

02 遇到难题找父母求助

童话大王郑渊洁在小说《智齿》中讲过一个小故事，说的是女孩梁新在学校里被冤枉偷了别人的东西，当老师还在想着"如果你说实话，我可以不告诉你家长"的时候，梁新说了一句话，让人很吃惊，这句话是"我要给父母打电话"。

为什么会吃惊？因为不仅仅是这位老师，甚至在很多大人心里，他们都感觉孩子跟自己的关系比较"疏远"，遇到事情，最不喜欢求助的就是父母。

也的确如此。在现实生活中，太多的孩子做错了事情或者遇到了困难会选择自己忍着，或者找自己的同伴帮忙，他们基本不会向父母求助。但这样做的后果就是，很容易让自己受到伤害。

就像有的孩子不小心摔伤了，但是怕父母责怪就忍着痛，最后导致伤口感染。还有的孩子受欺负了不敢告诉父母，只是告诉跟自己一样不够成熟的同伴，最终导致他们选择了错误的解决方式。

当你的孩子受委屈了、受欺负了、遇到困难了，宁愿自己忍着也不告诉你的时候，家长就要反思了：孩子为什么不愿意向你求助？孩子为什么总喜欢报喜不报忧？

好的亲子关系中，当孩子受了委屈或欺负，以及遇到困难的时候，基于对父母的信任，他们是愿意向父母求助的，他们相信父母愿意、也能够守护他们，成为他们最坚强的后盾。

03 善于捕捉父母的爱，表达自己的爱

这世间最不容置疑的，就是父母对孩子的爱。而这世间最糟心的，是父母明明很爱孩子，用尽了力气给孩子最好的东西，孩子却感受不到父母的爱，对父母不仅没有感恩之情，反而更多的是抱怨，

甚至是怨恨。

要化解这种僵局，除了父母要努力让孩子感受到自己的爱之外，更重要的是要从小培养孩子感知爱、表达爱的能力。

我跟可乐一起读过一本绘本，叫《有些时候，我特别喜欢妈妈》。书中描述了每一个喜欢妈妈的瞬间，可乐非常喜欢这本绘本。

"我最喜欢妈妈带我去海边游泳，

她让我搂着脖子、趴在她的背上。

海水打在我的脸上，尝起来真咸呀。"

可乐读到这里的时候，我会跟她一起回忆去海边的情景，她会继续说：

"我喜欢跟妈妈一起堆沙子城堡。

我喜欢跟妈妈一起在水里跑。

我还喜欢妈妈带我去找小螃蟹。"

读了这本绘本后，可乐对爱的感知力提升了，也喜欢表达自己的爱了。她会经常跟我说："妈妈，我好喜欢你给我买的这条裙子""妈妈，我好喜欢你给我读的这个故事。"也会在我感到不舒服时，帮我倒水，不停地问："妈妈，你好点了吗？"

记得有一次我腰痛，早上让奶奶送她去学校，下午当我接她的时候，她跟我说："妈妈，等你变小了，你上幼儿园，我长大了，我也腰痛，我去幼儿园接你。"当听到这句话时，我真的觉得太幸福了，她太暖心了。

这本绘本中展示的都是一些很熟悉的场景，孩子会帮我们整理桌子，却把餐具堆放在一旁，会学着我们的样子给花花草草浇水，却把水洒得到处都是……孩子的这些表现也许会让我们烦躁甚至发脾气，但它们也是我们跟孩子之间美好的小回忆。

好的亲子关系，就是帮助孩子去捕捉每一个爱的瞬间，让他们拥有爱的能力，不仅能够感知身边的爱，而且可以去表达自己的爱。

04 好的亲子关系，能让孩子受益一生

从孩子出生那天起，分离就已注定，终有一天，他会长大，会去外地读书，会结婚生子拥有自己的家庭……为人父母，面对这种早已注定的分离，我们无法阻挡，能做的就是在孩子离开前，让他成长为一个足够强大的人，有勇气、有能力去应对未知的一切。

亲子关系，是孩子来到这个世界后建立的第一个社会关系，是一切教育的基础，也是夫妻关系、手足关系、朋友关系等一切人际关系的基础。

好的亲子关系，能让孩子受益一生。父母不仅能够做好孩子的"保护伞"，给孩子足够的爱和安全感，更能做好孩子的"助推器"，让孩子拥有去外面闯一闯的勇气和底气，并在闯荡的过程中找到自己的兴趣和潜能所在，选择喜欢的人和事，进而成为更好的自己。

有温度的沟通，感受有温度的爱

工具1 爱心树——猜猜我有多爱你

在家里准备一棵圣诞树，我们把它叫作"爱心树"，每天在卡片上写1~2件暖心的亲子小故事，把它挂在树上，看看谁的卡片最先抵达这棵"爱心树"的顶端。形式可以多样，不会写字的小朋友可以画画，或者让爸爸妈妈代写。

第 ② 章

看见：给孩子足够的安全感

这是我的房间。

2.1 安全的依恋关系中，孩子才能被"看见"

"儿子晚上睡觉总是不踏实，老想摸我的肚子，摸到了就放心睡了，是不是安全感不足？"

"女儿太黏人了，一秒钟看不到我就哭，是不是缺乏安全感啊？"

"北漂一族，把孩子放在老家让爷爷奶奶带，会不会造成孩子安全感不足啊？"

要说育儿过程中提及频率较高的词，"安全感"肯定在其中。不管是妈妈们交流育儿心得，还是公众号后台收到的留言，很多家长对安全感又爱又恨。

安全感到底是什么？对孩子的成长有什么重要影响？我们又该如何让孩子拥有充足的安全感呢？

01 童年的安全感，是孩子一生的底色

说起安全感，我们先从发展心理学家玛丽·爱因斯沃斯的陌生情境实验出发。爱因斯沃斯分八个步骤设置了系列"陌生情境"，通过观察和记录宝宝的表现分析宝宝和母亲之间的依恋程度，提出了三种亲子依恋关系：安全依恋型、矛盾依恋型、回避依恋型。

陌生情境实验的八个步骤

① 妈妈带着宝宝进入一个陌生的房间。

② 妈妈坐下来，让宝宝自由地探索。

③ 一个成年陌生人进入房间，先后分别跟妈妈和宝宝说话。

④ 妈妈离开，留宝宝和陌生人在房间。

⑤ 妈妈回来，跟宝宝打招呼，安慰宝宝，陌生人离开。

⑥ 妈妈再次离开，留宝宝一个人在房间。

⑦ 陌生人再次回来。

⑧ 妈妈再次回来，陌生人离开。

❀ 陌生情境实验的八个步骤

有温度的沟通，感受有温度的爱

安全依恋型：有妈妈在，孩子就会心安，会自由地探索。虽然妈妈离开后会表现出一定的分离焦虑，但不会太强烈，只要妈妈回来，就会回到妈妈身边。

矛盾依恋型：妈妈在身边的时候，孩子就会心存焦虑，担心妈妈离开。妈妈离开后表现出强烈的难过，但是等妈妈回来后，他们却一方面想要亲近，另一方面又"拳打脚踢"拒绝交流。

回避依恋型：妈妈在的时候，孩子不会太亲近，妈妈离开，孩子也不会太难过，对妈妈基本没有依恋。

后来，梅因等学者在爱因斯沃斯的基础上，提出了一个"混乱依恋型"的概念，它是四种类型中最缺乏安全感的一种类型。

我们经常提到原生家庭的重要性，亲子依恋关系就是典型的原生关系，它是一切关系的基础。而亲子之间建立起了安全型依恋，就说明父母给足了孩子安全感。

安全感到底有多重要呢？生命如同种子，需要阳光的照拂，需要雨露的滋润，需要泥土的呵护，需要清风的抚慰……才能长成美丽的花朵，抑或是参天大树。**而安全感，在生命最初扎根于孩子心中，它是孩子成长过程中所需的一种最重要的"营养成分"，是温暖孩子一生的"定海神针"，影响着孩子的一生。**

拥有安全感的孩子自信、勇敢、探索欲强，无论外界的风浪有多大，都能从容应对；相反，缺乏安全感的孩子，不仅小时候会表现出一定的焦虑，而且在他长大后，相比拥有安全感的孩子，也可能会经历更多的困扰。

关于缺乏安全感的表现，我翻看了知乎上一千多个回答，大概包括这些表现：自卑、总是习惯讨好别人、敏感而冷漠、怕这怕那……其中有位网友的回答特别具有代表性，让人看了很心疼。

一个人在路上走，总觉得手里不拿点什么就特别不自在，尤其是穿没兜的衣服的时候，揣兜都不行，简直要命。

跟不熟的人在一起待着，没话题就特别难受，拿着手机瞎划，基本就是每个 App 切进切出，边划边想该说些什么缓解尴尬。

一个人听歌的时候很想带两个耳机但是又怕别人说话我听不清，又害怕有什么东西吓我一跳。

有时候一个人走路，老觉得有人看我，然后就不会走路，严重的时候可能还同手同脚，心里还会念叨怎么办今天是不是哪里看起来不合适，衣服上是不是有什么东西，紧张得不行。

如果有人说喜欢我，我是不可能信的，如果对方坚持，我会一次一次地推开，说一千次一万次让他走。如果他放弃了我会觉得"果然会这样"，没试过对方一直坚持会怎样。

❖ 知乎网友关于"缺乏安全感的表现"的回答

好的亲子关系，会将孩子内心注满爱和温暖，让孩子拥有充足的安全感，进而建立起对这个世界最基本的信任，相信自己，也信任别人，为漫长的一生涂上一抹温暖的底色。

02 妈妈，是最早给孩子安全感的那个人

先说一个著名的实验：哈洛的恒河猴实验。

心理学家哈里·哈洛将刚刚出生的婴猴放在一个笼子里，给它提供了两个"妈妈"，一个是铁丝做成的，能够供给奶水，一个是绒布做成的，美其名曰：一个是柔软、温暖的母亲，一个是有着无限耐心、可以 24 小时提供奶水的母亲。

实验结果显示，小猴子大部分时间更愿意待在"绒布妈妈"的身边，在"铁丝妈妈"那里吃饱后就会回到"绒布妈妈"那里。这说明刚出生的婴儿不仅需要奶水的喂养，更需要妈妈温暖的怀抱。

婴儿出生前，一直在妈妈的子宫里，那是一个"安全岛"。出生后离开妈妈熟悉的子宫，一下子进入一个陌生而嘈杂的世界，此时急需通过跟妈妈建立联结、通过肌肤接触等方式来获得熟悉感和安全感。

有温度的沟通，感受有温度的爱

这种安全感，只能从妈妈身上获取。

还记得看过一个小短片，几个月的孩子大哭不止，无论是帅气的叔叔还是慈祥的奶奶，抑或是怀孕的阿姨，可爱的姐姐，无论他们选择什么样的抚慰方式，蹭一蹭脸颊，轻声哼唱，抑或是用玩具逗弄，都无济于事，孩子依然大哭不止。

直到出现了一位陌生的叔叔，孩子听着那砰砰的心跳声，竟然微笑着去触摸叔叔的脸，在叔叔的抚摸下，孩子静静地享受着。

当我看到屏幕上那行字"妈妈的心脏，在数月前移植给了他"时，瞬间恍然大悟，泪流不止。只有妈妈，才能在生命之初给孩子足够的安全、爱和信任，旁人无法替代。

这大概就是为什么很多妈妈在生完孩子后选择成为全职妈妈的原因吧！在 0~3 岁这一阶段，妈妈对孩子的陪伴格外重要，因此要多多陪伴孩子。

03 建立安全的依恋关系，妈妈"情绪稳定"很重要

跟孩子建立安全依恋型的关系，妈妈虽然具有先天的优势，但在与孩子相处时，需要格外注意一点，那就是努力为孩子提供一个亲密而稳定的状态。

亲密，从跟孩子的肌肤接触开始，拉拉孩子小手、摸摸孩子的头、亲亲抱抱孩子，这些看起来很细微的小动作，会一点一点传递给孩子爱和安全感。而稳定，不仅指妈妈要在产假期间给孩子持续的照顾，更重要的是妈妈要保持情绪稳定。

心绪平和地陪在孩子身边，观察孩子的一举一动，及时发现他的兴趣点、需求，并及时满足他，在孩子需要抱抱的时候给他一个拥抱，在孩子需要陪着一起玩乐高的时候陪他一起玩，在孩子需要独处的时

候留他一个人阅读或者发呆……这样才能更好地给予孩子安全感。

或许会有人觉得这还不简单吗？可在实际生活中，一个新手妈妈要想长期保持稳定而积极的情绪，这并非易事。

很多新手妈妈在当妈之前，自己还是个孩子。就拿我自己来说，我在生可乐之前，除了孕吐和"分娩很疼"外，啥都不知道，以为"生完就好了"，等可乐出生以后直接抓瞎了。原来还要24小时"夜奶"，原来晚上根本睡不了整觉，原来孩子哭闹起来不仅仅是因为饿了，原来涨奶比生孩子还疼……慌乱、紧张、无措、焦虑的情绪来得猝不及防，整个人处于一种焦躁的状态，会莫名地发脾气，嫌弃老公不会照顾孩子，嫌弃月嫂做的饭菜不好吃，嫌弃所有人对自己的关心不够……直到后来，我才知道这是产后抑郁。

产后抑郁只是育儿过程中的一道坎儿，而等孩子大一点了，他们会把玩具扔得到处都是，会把墙涂成五颜六色……面对此情此景，妈妈的情绪随时都可能被引爆。

妈妈要学会给自己注满能量。

❤ 妈妈给自己注满能量

怎么办呢？ **妈妈要学会给自己注满能量。** 为了保持好的状态，妈妈既需要将自己的不良情绪找一出口及时排解掉，也需要在自己能量有所损耗时为自己蓄能。可以尝试列一个能量清单，将适合自己的情绪发泄方式和蓄能方式全部写在上面。比如排解情绪的方式有外出看看电影，吃顿大餐，练练瑜伽，学习画画，跟闺蜜一起逛街等。再如蓄能方式，也有很多种。我在做全职妈妈四年期间，就是通过看书和写作来给自己蓄能的，还有朋友在做全职妈妈两年时间里考上了名校的研究生，还有朋友做起了社群运营……每个人的能量收集方式有所不同，你可以尝试寻找属于自己的蓄能方式。

04 建立安全的依恋关系，爸爸也要多多参与

相信很多妈妈听过这句调侃"爸爸是这个世界上最无用的母婴用品"，也很多次吐槽过自己的老公：

"爸爸给娃换纸尿裤，要么穿反，要么弄得尿和粑粑流一床。"

"爸爸给娃冲奶粉，温度太高，烫得孩子哇哇大哭。"

"爸爸帮忙看会儿孩子，五分钟以内肯定会把孩子惹哭，简直是神助攻……"

于是，很多妈妈看不上笨手笨脚的"猪队友"，干脆自己把带娃的活儿全包了，甚至剥夺了爸爸的陪娃时间。这样不仅给自己施加了过多的压力，还不利于孩子和爸爸之间情感连接的建立。要知道，孩子对妈妈的依恋和对爸爸的依恋是不一样的。

孩子从父母身上获得依恋的方式有所不同。孩子对妈妈的依恋更多是通过喂养获得的，而孩子对爸爸的依恋更多是通过玩耍获得的。

父母在依恋中扮演的角色也不同。孩子对妈妈的依恋是向内的，

由此发展出了孩子对自己的喜爱和对别人的信任，对爸爸的依恋则是向外的，这种依恋关系下，孩子发展出了对这个世界的兴趣。

其实，父亲在跟孩子形成依恋关系方面有着自己的独特优势。

一项研究表明，孩子的出生会促使父亲的大脑中生长出新的神经元。在照顾孩子的过程中，无论男性和女性都会产生"育儿"大脑网络。

也就是说，"母性"并不是母亲独有的，父亲在照顾和陪伴孩子的过程中会表现出"母性"，而且这种"母性"的程度随着陪伴孩子时间的增多会越发强烈。

有温度的沟通，感受有温度的爱

2.2 孩子三岁前，晚上多跟妈妈一起睡

前面我们提到，妈妈在亲子依恋关系的建立中作用极为重要，在 0~3 岁安全感建立的重要时期，妈妈要多多陪伴孩子，尤其是晚上睡觉的时候，要尽量陪在孩子身边。

01 跟孩子一起睡，妈妈能做些什么

女儿出生后，我坚持"跟孩子一起睡"的理念，一直到她三岁半。说是陪着孩子一起睡，实际上在跟孩子一起睡的过程中，你能做的不仅仅是喂奶、哄睡，你的一举一动，一个睡前小故事、一首睡眠儿歌、一个抱抱、一次触摸、一个微笑都可以传递你对她的爱。

跟孩子一起睡的过程中，有两点要格外注意。

（1）孩子哭了，要第一时间回应。

父母那一代人奉行的理念是，哭了不要立刻去抱孩子，孩子哭一会儿就不哭了，不然会被惯坏的。

"担心会惯坏孩子"一度让新手妈妈们茫然而纠结，却忽略了孩子刚出生，尤其是在一岁以前最需要的是及时满足。如果情感联结还

没有做好，就着急去锻炼孩子的"独立"，那么只会让他陷入无尽的绝望中。

可乐出生后，我仔细观察过，如果孩子哭了你第一时间给予回应，她反而很快会恢复平静，毕竟刚出生的婴儿需求很简单，饿了、尿了、不舒服、感受不到妈妈在身边了……

在孩子哭着找妈妈的时候，第一时间抱一抱，说一句"妈妈在"，这样孩子才会感受到安全。

（2）不要过早训练孩子"完整睡眠"。

当过妈的都知道，"夜奶"是多少母乳妈妈的痛啊！我在可乐一岁前没睡过一个整觉，"全世界只有两种妈妈，一种是缺觉的妈妈，一种是非常缺觉的妈妈"，这句话说得太贴切了。有人认为孩子频繁夜醒吃奶会影响大脑发育，所以建议早点戒夜奶，训练孩子"完整睡眠"。母乳妈妈们到底应该继续"痛"下去，还是及早断夜奶呢？

其实孩子在六个月前吃夜奶、夜醒，这是符合其饮食和睡眠规律的。新生儿夜奶的次数会比较多，毕竟孩子的胃容量特别小，很容易饿，六个月以后，孩子夜奶的次数基本会在两次以内。

关于夜奶的问题，不建议定好闹钟，定时把孩子叫起来喂养，建议采用"按需喂养"的方式，在孩子饿醒了想要吃奶的时候去喂；也不建议在孩子每次夜醒时都给他喂奶，有时候孩子夜醒可能是想尿尿了、太热了、不舒服了……"一哭就奶，一奶就睡"，时间长了，孩子会对这种安抚方式产生依赖，它不仅不利于孩子睡眠习惯的养成，而且增加了患龋齿的风险。我们常说的给孩子"戒夜奶"，更多的是指戒掉这种不必要的喂奶。

其实，从孩子出生后，我们便处于走向分离的过程，"断奶"是第一次分离。经历过断奶的妈妈，常常会怀念给孩子母乳的时光，那是一段再也回不去的亲密时光。

如果频繁夜奶影响到了妈妈的健康，影响到了亲子之间的良性互动，那么可以睡前喂孩子一些容易饱的辅食，或者有意识地用其他安抚方式，以此来延长喂奶间隔时间，减少孩子夜奶次数。可以根据孩子的实际情况调整，但不建议过早训练，不要早于六个月。

如果你可以坚持，那就坚持一下，时间也不会太长，可乐大概一岁的时候就自己睡整觉了。

💛 02 孩子晚上跟着妈妈睡，那爸爸睡哪儿呢

为什么特意提到"爸爸睡哪儿"这个问题呢？这是因为孩子出生第一年，夫妻分床睡、分房睡的现象特别普遍，妈妈给孩子的安全感固然重要，可也不能忽略爸爸在育儿过程中给孩子的安全感。

记得在月子里，我需要静养，老公照顾孩子比较多，但是出了月子以后，我担心晚上起来给孩子喂奶会影响老公休息，搞得第二天没有精神去上班，就提议老公去书房睡觉。

刚开始我还暗自赞叹自己的贤惠，可后来发现这样很容易出问题。24小时随时待命伺候孩子，情绪很容易波动，也很容易变得抑郁，需要有个人帮你调节，否则很容易把糟糕的情绪传递给孩子。

而调节妈妈情绪的最佳人选就是老公，他可以敏感地察觉到你的情绪，通过跟你聊聊家常，聊聊单位的事儿，及时帮你疏导情绪。而且，老公睡前还可以照顾孩子，跟孩子互动玩耍，一方面给妈妈更多的时间休息，一方面还能增进父女感情。

还有很重要的一点是，夫妻长期分床睡、分房睡，很容易影响夫妻感情，一位朋友在孩子出生后跟老公分房睡了两年，去年差点离婚。

夫妻关系，是一个家庭幸福的基石。夫妻关系好了，才能给孩子一个温暖有爱的家庭环境。

妈妈即使跟孩子一起睡，也没必要跟爸爸分床睡，甚至分床睡。可以让孩子睡在妈妈的一侧，这样既可以方便妈妈及时回应孩子，也能让爸爸妈妈睡在一起，保持畅通的交流。

就像我们前面提及的，孩子安全感的建立，需要妈妈，更需要爸爸，需要爸爸妈妈共同营造温暖有爱的家庭环境。

03 什么时候跟孩子分床睡、分房睡？只有一个标准

那么是不是过了三岁，我们就可以跟孩子分床睡了呢？闺蜜在儿子快三周岁生日的时候跑来问我："洋洋马上就三周岁了，你之前说三岁前跟孩子一起睡，那从三周岁生日那天开始是不是就可以分床睡了啊？"

这个问题让我真是哭笑不得，奇怪闺蜜怎么这么着急把孩子往外推，一天也不耽搁，要知道，这一推就是一辈子啊。结果她说："听说孩子三岁前还不能独自睡觉的话，可能会影响孩子的独立能力、心理健康，而且不尽快分床睡，怎么能赶在四岁前让他分房睡啊？"

在什么时候分床睡、分房睡这个问题上，家长最担心的就是分晚了会影响孩子的独立性成长。

一边是独立的培养，一边是安全感的建立，很多妈妈之所以会在"分床睡""分房睡"问题上纠结和焦虑，从根本上讲其实都是在这两个选择上难以取舍。事实上，独立和安全感从来就不是对立的。安全感足的孩子，独立能力往往也更强，面对陌生的情景时，他们更能应对自如。反之，在该给孩子安全感的年纪，却过早地训练孩子独立，这对孩子来说反而是一种伤害。

真正的独立，是内心安全感的外化，是一种主动选择，而不是被"逼"出来的表面独立。

关于孩子什么时候跟父母分床睡、分房睡，众说纷纭：有的建议孩子一出生就跟父母分床睡，有的建议孩子六个月以后跟父母分床睡，有的建议两岁开始跟孩子分房睡，有的建议孩子分房睡的年龄不迟于五岁。

六个月、两岁、五岁……看着这些冷冰冰的数字，我有点心疼。孩子不是一个机器，不会到了某个年龄突然就长大了，突然就适应了。在养育过程中，我们不能一味地去遵循那些冷冰冰的标准，而要结合孩子的特点，循序渐进地陪伴孩子慢慢长大。

当你决定跟孩子分床睡、分房睡的时候，关键不是看孩子的年龄是否达到了那个传说中的"标准数字"，而是要去观察孩子有没有做好独立睡眠的准备，能不能适应没有你的陪伴。

那么，孩子什么时候跟父母分房睡更合适？有没有一个统一的标准？答案是：没有标准。如果真的要遵循一个原则的话，那就是：尊重母婴亲密的自然规律，尊重孩子的成长节奏，一切顺其自然。

04 三步走，帮助孩子适应独立睡眠

我们不需要过分去追求"标准数字"，也不要着急把孩子往外推，但当孩子有了想要一个人独自睡觉的想法时，我们要果断放手，给孩子更多的鼓励和支持。

Step1：分房睡前，要先分床睡。

孩子独自睡眠需要一个适应的过程，在分房睡之前，先要从分床睡开始，一点点过渡。

我家是在紧挨着大床的位置先安置了一张小床。在可乐两岁半左右的时候，我刚好腰疼得厉害，没法整晚照看她，就在她睡着以后把她抱到小床上。其实也是睡在我的身边，睡眠环境几乎没有什么改变，但对孩子来说是不一样的，连续几天以后，她自己都觉得小床是她的，大床是爸爸妈妈的。

分床睡，也为后来快速适应分房睡打下了基础。

Step2：陪孩子一起打造一个属于自己的天地。

可乐的分房睡来得特别突然。有次带她去朋友家聚餐，她一下子喜欢上了小姐姐的房间，墙上贴满了 Hello Kitty，床单被罩也是 Hello Kitty 款的，桌子上摆着 Hello Kitty 的小物件。我跟她说，小姐姐现在自己一个人睡了，这是小姐姐自己布置的房间，可乐说也想有个自己的房间，放上小猪佩奇、Hello Kitty、超级飞侠、美人鱼等

> 这是我的房间。

❀ 可乐的房间

所有喜欢的东西。

回来以后，我们把榻榻米的房间空出来给可乐，一起设计她的房间，墙上贴着 Hello Kitty 和美人鱼的壁纸，床单被罩上都印有小猪佩奇的图案，她还把超级飞侠、大象、小兔子等平日里买回来的玩偶都搬到了自己的房间，布置好以后，可乐开开心心地大喊"这是我的房间"，并告诉我们以后玩玩具、读绘本、睡觉都要在这个房间。

孩子在自己参与设计布置的房间里睡觉，会更有归属感。

Step3：允许孩子反复，也尽力给孩子勇气。

分房睡的新鲜劲儿过了以后，孩子难免会想回去跟爸爸妈妈一起睡，这时候最好不要一味拒绝。孩子成长是螺旋式上升的、有倒退、有反复都是非常正常的，这就是孩子啊！作为家长，我们应该坦然接受，允许孩子在过渡过程中有所反复，并用积极的方式去引导。

还有的孩子因为"害怕"不想一个人睡了。小外甥俊俊在跟父母分开睡一段时间后，哭着要回去睡，说房间里有怪物，还跟妈妈说晚上梦到有恐龙要吃他。这种情况下，父母除了耐心接受孩子的反复期外，还要想办法帮孩子驱除心中的"怕"。

家长可以在睡前跟孩子一起读绘本，陪他入睡，告诉他"妈妈一直都在"，也可以给孩子讲一些英雄题材的故事，以此打败孩子心中的"小怪兽"。

2.3 当我们说"看见"孩子，我们究竟需要"看见"什么

有一次去商场，刚好赶上一个游乐场开业，里面有很多大人孩子在开心地玩耍，可乐也拉着我们进去了，逛了一圈后，她站在娃娃机旁边，指着一个胖嘟嘟的小猪说要这个。因为我比较喜欢抓娃娃，逛街的时候总会玩两把，运气好的时候还能抓到一个可爱的玩偶，已经给可乐抓过五个了，在她心中，只要她要，我就能帮她抓到想要的那个玩偶。

老公买了 50 块钱的游戏币，看着一堆的游戏币，我自然信心满满，跟可乐说妈妈很快就可以抓到。可没想到抓了七八次都没有抓到，可乐快要哭了，看见我又要抓，就瞪大眼睛充满期待地看着，当玩偶小猪被抓起来的时候特别开心，可一看到小猪掉落就开始哭，老公也在旁边催我，他们越催，我越抓不到。

后来，可乐开始敲打那个娃娃机，老公有点急了，一边跟可乐说敲打娃娃机是不对的，一边说要带她去买一个更大更好的玩具，她不肯，哭着吵着非要那个小猪不可，别的都不要……老公忍不住开始吐槽自己的闺女任性、固执，我让老公再去买 50 块钱的游戏币，孩子要的其实很简单，就是一个自己喜欢的玩偶而已。

买回游戏币后，我跟可乐说，等这些游戏币都放进去了，玩偶就可以抓到了，于是她继续专注地看我抓娃娃，这次不那么紧张了，只是一直催我放游戏币，终于在还剩两个游戏币的时候，我抓到了那个小猪。她拿到小猪的那一刻超级开心，还大喊着"妈妈好棒"。

在那个时刻，对于可乐来说，一个小小的玩偶小猪所带来的满足，远远胜过几百元甚至上千元的豪华玩具。

心理学家武志红老师说，父母要做一个好的容器，让孩子的生命力在其中流动。当孩子的生命力被"看见"的时候，它就会变成好的，比如热情、创造力和爱；当孩子的生命力没被"看见"时，它就会变成黑色，比如愤怒、攻击，表现出破坏性。

那么，当我们说"看见"孩子的时候，我们究竟需要"看见"什么？

01 静态视角：明晰孩子的"成长地图"

养娃就像游戏中的"升级打怪"，孩子在不同年龄阶段会表现出不同的特点，要想通关，我们需要不断地修炼和进阶，主动出击，而不是被动地凭借以往的经验来应对。先来看看下面三个孩子的一些表现：

两岁的可乐想要吃橘子，家里没有橘子了，有香蕉、苹果、蛋糕、面包、饼干……不管你推荐什么都没用，必须是橘子，最后爸爸只能去超市买回橘子才作罢。

三岁的悠悠会在吃饭的时候说一句"这个粥好像尿"，还会在你问她想吃什么的时候，来一句"吃大臭屁"。

七岁的俊俊总是跟妈妈顶嘴、唱反调，在家上网课，你提醒他"好好听课，看屏幕"，他回怼道："我用耳朵听课，又不用眼睛听课。"

你会不会觉得可乐被宠坏了？会不会觉得悠悠太没礼貌了？会不会觉得俊俊太淘气了？当我们做出"被宠坏""不礼貌""淘气"这些定论的时候，我们往往是根据自己的经验来判断的，却忽略了一个孩子所处的年龄阶段。

两岁的孩子迎来人生中第一个叛逆期，在心理学上被称为"可怕的两岁"，这一时期他们内心会有着自己的"秩序感"，最常用的口头禅是"不"。三岁的孩子会进入"诅咒的敏感期"，在他们眼中，这些"屎尿屁"的脏话跟其他语言没有什么不同，他们是在探寻语言的力量。而七岁的孩子处于我们所说的"七岁八岁狗都嫌"的年纪，也处于人生中第二次叛逆期，顶嘴、唱反调等这些行为，是孩子独立意识增强的表现。

只有我们了解了孩子的生长发育规律，知道孩子可能处于的发展阶段以及这一阶段具有什么典型特征，我们才有了判断的标准，也才会明白那些看似不合理的行为，却是孩子当下年龄阶段的典型特征。这些行为非但不需要我们刻意去纠正，反而更需要我们接纳和理解。

儿童发展表现出明显的阶段性特征，耶鲁大学曾历时 40 年针对 1~14 岁孩子做过一个相关的课题研究，从动作、语言、心智能力、人际关系等方面概括出不同年龄阶段孩子的特点和表现。从中可以看出，不同年龄段的孩子在认知、情感、行为等方面有很大的差异。

心中有"数"，才能手中有"方"。只有我们明晰了孩子的"成长地图"，才能够更好地"看见"孩子行为背后的心理过程，少一点主观臆断，多一些理解、接纳、引导。比如：一岁是培养安全感的关键阶段，那么这一年，父母要尽可能地去满足孩子，给予孩子足够的安全感。四岁是语言表达能力快速提升的重要阶段，那么这一年，父母要注重孩子语言表达能力的提升。

有温度的沟通，感受有温度的爱.

02 动态视角：消除对孩子的"刻板印象"

记得小时候每逢过年，爷爷家都会来一大堆亲戚，很多人一年才见一次。进屋不知道该先喊谁，只听到父母不停地催促"快喊叔叔""快喊舅爷爷""快喊姨奶奶"，常常会憋得脸通红，随便喊一句就快速逃出来。

那时候，我妈会带着点歉意地说"孩子不太喜欢说话""孩子有点内向"，这也就罢了，我因为学习成绩好，还会被一些关系比较近的亲戚调侃"书呆子"。那时候我真的非常讨厌别人这么说我，却也在无形中不断地告诉自己"我有点内向""不喜欢说话"，最后真的变得越来越不爱说话了。

前年过年带着可乐回家，可乐左一句"姥姥过年好"，右一句"姥姥做饭好辛苦"，我妈说"可乐爱说话，可不随你妈"，我终于得了个机会，说当初过年不爱打招呼，真的是因为一大屋子亲戚，不知道该先跟谁打招呼。

我妈说这有什么可纠结的呀，随便先喊谁都行啊。可是，对于一个七八岁的孩子来说，那却是一个大问题。因为一个打招呼的问题，我被贴上了"内向"的标签，也因为这个标签，我越来越不喜欢说话，越来越沉默，心里种下了一粒自卑的种子，不敢公开演讲，不愿意跟陌生人沟通，还不断地给自己心理暗示"我这种性格内向的人不适合……"。

不要轻易去"定义"你的孩子是一个什么样的人，也不要轻易根据你的生活经验来"固化"孩子的行为。

当哥哥和弟弟在一起玩闹出现分歧的时候，不要凭经验觉得是"哥哥欺负弟弟了"，哭泣的弟弟不一定是受欺负的孩子，或许最先挑起争端的那个孩子就是他。

当你的孩子不小心把玻璃杯打碎时，不要凭经验觉得"这孩子真淘气"，或许他只是看妈妈不舒服想给妈妈倒一杯水，却没有拿好呢。

消除心中的刻板印象，我们才能真正走进孩子的世界，进而"看见"孩子的真实想法。

03 透过孩子的行为"看见"背后的需求和关系

有个大学同学问我二孩家庭如何平衡两个孩子的需求，她特别苦恼，说为了公平，给双胞胎女儿吃的用的穿的都是一模一样的，可还是无法让两个孩子满意，大女儿说她偏心小女儿，小女儿说她偏心大女儿，她说真的已经尽力一碗水端平了。

我跟她分享了一位教育家曾说的一段话："对于多子女，不要强求自己对每个孩子公平，这是不可能的，因为即使你觉得公平了，孩子们自己也会比较，总会比出个高低。"孩子要的从来都不是公平的爱，而是独特的爱，既然两个女儿已经表现出不满，更说明这种自以为是的公平并不适用于两个孩子，两个孩子虽然是双胞胎，可喜欢的东西不一定相同，比如她家大女儿喜欢爱莎公主，小女儿喜欢美人鱼，那买玩具的时候就没必要买两个爱莎公主或者两个美人鱼，完全可以买一个爱莎公主一个美人鱼。

其实，几乎所有行为问题背后都暗藏着需求是否得到满足的问题，而所有的需求背后又暗藏着关系问题，我这位同学就是心里太看重"公平"，反而忽略了两个女儿的真实需求，从而导致了亲子之间的不愉快。

前几天看到社群里一位二孩妈妈分享的一篇日志，她在处理二孩问题上就做得很好：女儿和儿子喜欢的东西不一样，需求自然也不一样，陪伴女儿的时候，给她提供一个安静专注的环境，并且鼓

有温度的沟通，感受有温度的爱

励她找到更创意的拼搭方式，而陪伴儿子的时候，就带他一起打篮球、看篮球比赛，提升他的打球技巧。

今天是加入 21 天写作营的第 3 天，分享一点养育心得：

我女儿和儿子喜欢的东西完全不一样。

女儿很喜欢乐高，她常常一个人静静地坐在那里拼搭各种不同的小车和城堡，看着她专注地沉浸其中，我就坐在旁边静静地看着她，看她天马行空地搭建出造型不同的车子和房子，也会在她搭建好给我看的时候，夸赞她"这个车子搭建得很有创意""这个房子色彩搭配得很漂亮"。女儿也常常会在我的夸赞和鼓励下，尝试更多的拼搭方式。

而儿子在爸爸的熏陶下特别喜欢打篮球，于是，我们给他装了一个篮球架，老公会教他打篮球的技巧，也会带他一起去看篮球比赛。老公经常会夸儿子"这个球传得很到位""刚才的进攻很干脆"，而不懂篮球的我也会夸他"这个投篮的姿势太帅了"。

在不同的鼓励下，两个孩子都在各自的小天地里越走越远。

🌸 二孩妈妈分享日志截图

如果亲子关系稳固了，那么不管你有没有足够的育儿知识储备，不管你有没有掌握沟通技巧，你都能"看见"孩子，判断出孩子为什么会这么做，背后的需求是什么。而如果亲子关系不够稳固，甚至有些生疏，那么即使你掌握了再多的养育技巧，也看不见孩子的需求。

因此，当孩子出现一些问题行为时，在纠正孩子这些行为前，先想一想你们的亲子关系是不是出了问题。电影《小淘气尼古拉》中，尼古拉带着小伙伴一起把家里弄得乱七八糟：沙发烂了，桌布破了，猫被扔进了洗衣机……父母很生气，觉得尼古拉太淘气了。可实际上，尼古拉这些行为背后，是误会父母要给他生个弟弟而不要他了，于是带着小伙伴们一起打扫卫生来讨好父母，只是没想到有点事与愿违而已。

04 让孩子感受到被"看见"，才是真的"看见"

真正的"看见"孩子，是让孩子感受到被"看见"，感受到被爱。

毋庸置疑，我们是爱孩子的，可为什么孩子还会误解我们不爱他呢？是孩子不够懂事，还是我们的言行没有表达出自己的爱呢？

毕淑敏在《孩子为什么越来越冷漠》一文中写道：

我问一群孩子，那你们什么时候感到别人是爱你的呢？别指望得到像样的回答。一个成人都争执不休的问题，孩子能懂多少？比如你问一位热恋中的女人，何时感受被男人所爱？回答一定光怪陆离。

没想到孩子的答案晴朗坚定。

"我帮妈妈买醋来着，她看我没打了瓶子，也没洒了醋，就说，闺女能帮妈干活了……我特高兴，从那会儿，我知道她是爱我的。"翘翘辫女孩说。

"我爸下班回来，我给他倒了一杯水，因为我刚在幼儿园里学了一首歌，词里说的是给妈妈倒水，可我妈还没回来呢，我就先给我爸倒了。我爸只说了一句，好儿子……就流泪了。从那次起，我知道他是爱我的。"光头小男孩说。

孩子的眼睛是雪亮的，你爱不爱他，他通过一个表情、一个动作、一句话就感受到了。误解，是因为那份爱裹着吼叫、训斥、打骂等情绪的外衣，带着诸如"胆小""心眼儿坏""不懂事"等自以为是的标签，那份爱被藏得太深太深了。

让孩子感受到自己被"看见"，感受到自己被爱着，这样他们跟父母的关系才会更近。

2.4 用心倾听孩子的哭诉，到底有多重要

2017 年，当我第一次看央视纪录片《镜子》时，就对张钊（化名）的故事印象深刻，感慨父母能用心倾听孩子的心声太难了，但父母的倾听对亲子沟通又太重要了。

影片中，张钊读高三了，原来成绩挺好的，突然就不想读书了，开始早恋、打架，跟父母不断地吵架，发生激烈的冲突。

父母把儿子所有的反常行为都归因于"早恋"，认为是早恋让儿子变成了现在这样。可是从后来的沟通中发现，张钊不是不想读书，他也想考大学，他只是觉得压力太大了，太压抑了，想要去发泄一下自己的情绪。

最开始他告诉父母学校压力大，自己有点受不了时，妈妈总是说："学校那么多人，好几千人都受得了，为什么你受不了？"张钊说，他其实也不是真的受不了这种压力，而是在释放一种情绪，只是父母的不理解让他开始反抗，他说父母觉得他不敢做的事儿，比如打架、早恋，他都干了个遍。

"学校那么多人，别人受得了，为什么你受不了？"

"别人家孩子都不玩游戏，为什么你玩？"

"你这个阶段，就应该把所有的心思都放在学习上。"

是不是有点耳熟？当孩子承受不了压力或者选择了一种家长不认可的排解压力的方式时，有多少家长可以站在孩子角度用心倾听，很多孩子一开口就被家长堵回来了！于是，孩子们要么选择沉默，要么奋起反抗，甚至选择一些极为偏激的方式。如果家长能够用心倾听孩子的哭诉，努力发现孩子的真实情绪和需求，并给予积极回应，结果会不会有所不同？

01 是什么阻碍了父母的"倾听"

当亲子沟通不顺畅的时候，家长需要多问问自己"是不是回应的方式错了"，很多时候，孩子讨厌的不是父母，而是父母的回应方式，即便这些回应的初衷是"为了孩子好"。生活中有五种特别常见的"错误"回应方式，它们不仅阻碍了父母用心倾听孩子的心声，而且损坏了孩子向父母求助的桥梁。

序号	类型	含义	表现形式	影响
1	命令式	用权威命令的方式给孩子提要求	"说了多少次了，不要打游戏，快把手机关掉。""快点吃饭，再不吃就别吃了。""睡觉之前，必须把玩具收好。"	当孩子听到命令式的语气时，不仅会产生抗拒心理，还会觉得父母不重视自己的需求
2	说教式	无视孩子感受，也无视具体语境，单方面地告诉孩子应该做什么	"你是姐姐，你大，你得让着妹妹。""你都初三了，不能再贪玩了，应该努力学习。""你要学会跟别人分享。"	当你开始说教讲道理时，孩子会觉得你根本不理解他，也根本不在乎他的感受，带来的只会是孩子的抗拒，时间久了，孩子就不愿意跟父母沟通了

有温度的沟通，感受有温度的爱

序号	类型	含义	表现形式	影响
3	唠叨式	同样的道理，同样的要求，每天重复很多遍	"早餐一定要吃好，不要挑食，不然抵抗力会下降……" "妈妈对你严格要求，也是为了你好，妈妈年轻的时候……"类似的话，天天说	无休止的唠叨会给孩子很大的压力。心理学上有个超限效应，当唠叨超过一定限度时，会让孩子不耐烦或者反抗
4	批评式	总对孩子做出负面评价，甚至喜欢翻旧账来证明孩子"做错了"	"你怎么考这么少，一定是最近太贪玩了不好好学习" "怎么这么笨，说了多少遍了还是不会" "你要是听我的话，上次就不会错过那么好的机会。"	总是给孩子负面评价，会让孩子认为自己很差劲，还会让孩子变得敏感不自信，他可能对每个人都很好，却很少有人真正走进他的心里。而翻旧账式的批评，会让孩子在父母面前总是内疚，抬不起头，进而破坏了亲子感情
5	比较式	总是拿孩子跟别人家孩子做比较，本意是想用"榜样"来激励孩子	"你看看人家孩子，回回考第一，多跟人家学学。" "你看看人家孩子多会说话。" "你看看人家孩子多懂事，你看看你总让我操心。"	非但不会让孩子变得跟"别人家孩子"一样优秀，反而打击了孩子的自信，让孩子处于一种"挫败感"中，还可能会引发孩子的嫉妒心

以上五种方式，无论是说教，还是批评，抑或是比较式的鼓励，都没有真正识别孩子的真实需求，也让孩子默默地把倾诉的大门关上了。

02 孩子向你求助的两种方式，你 get 到了吗

最开始的时候，其实我们跟孩子的沟通是完全畅通的，孩子饿了、困了、不开心了、想要恐龙玩具……都会直接跟我们说，我们不需要猜。可后来随着年龄的增长、身心的发展、人际关系的拓展，孩子不再什么都跟我们说，有时候需要我们去猜。

（1）"我有个同学 / 朋友"

关于这一点，我们自己也很有经验。小时候，当自己遇到问题又怕父母责备时，就会编一个"我有个同学 / 朋友"的故事，还会特意强调"这是我一个同学的事儿，真的不是我的事儿"。

"我有个同学，这次考试成绩落后了 10 名，你说她爸妈会不会打她？"

"我有个朋友，被同学欺负了，特别害怕，不敢告诉老师和家长，该怎么办呢？"

当孩子跟你说"我有个同学 / 朋友"的故事时，大概率是孩子遇到了困难在向你求助，此时，我们不需要戳破"谎言"，用心倾听，以"旁观者"的视角帮她分析问题，并给出建议即可。

（2）有反常行为

我的一个学员滔滔妈妈讲过一件事，她说儿子滔滔五岁的时候有了妹妹，他很喜欢妹妹，会主动给妹妹玩具，妹妹哭了，也会主动去哄。可是，有一次滔滔看到妹妹哭，就大声地呵斥妹妹"你怎么老是哭，再哭就把你扔出去"，最后还去打妹妹。

滔滔妈妈说当时真的被儿子吓到了，她开始跟儿子讲道理："你是哥哥，要爱护自己的妹妹，你这么小的时候，也会经常哭啊。"

儿子生气地进屋把门关上了。

连续好几天，滔滔一直冲着妹妹撒气。后来，滔滔妈妈找机会跟儿子聊了会儿才知道了其中的原因。原来，滔滔在幼儿园午休的时候，总有个小姑娘哭鼻子不睡觉，他很生气，回到家妹妹也是经常哭鼻子，他就跟妈妈说："女孩子总喜欢哭鼻子，真的很讨厌。"

滔滔之所以冲着妹妹撒气，是因为她是个爱哭的女孩子。

当孩子出现反常行为时，父母要多注意观察孩子背后的真实需求。

03 积极倾听，三颗"心"让亲子沟通更有温度

那么，我们该如何更好地去做一个合格的倾听者，进而让孩子愿意向你打开心门呢？

一是专心，不要随意打断孩子。

可乐每次从幼儿园回来，都会跟我们讲在幼儿园的事情，开始的时候，爷爷特别喜欢打断她，比如说到"不喜欢吃学校的番茄"时，爷爷会说"吃番茄会长高"；说到"高老师今天夸我了……"，爷爷会抢着说"可乐最棒了"。

爷爷但凡打断超过两次，可乐就会不开心地说："哼，不说了。"

孩子有时候只是需要一个"倾听者"，听她讲自己的所见所闻，感受她的感受就可以了，不需要做出判断，更不需要去随意纠正，我们需要做的就是安静倾听，让孩子把话说完。

二是耐心，给予积极回应。

八岁的萱萱做事很慢，妈妈来接她的时候，刚好碰到她还在值日。看着女儿慢悠悠地在课桌上绕来绕去，妈妈忍不住抢过抹布，一边

说"教了你多少次了，还这么慢"，一边快速地擦好一张桌子。

萱萱咬着嘴唇，站在那里一句话不说，妈妈突然有点心软，问女儿："其他值日的同学都走了，你怎么一个人弄到这么晚？"女儿说："我想再好好擦擦，争取为班级争光。"这句话刚好被路过的校长听到了，他表扬萱萱真是个认真负责的好孩子。

回家的路上，萱萱特别开心，看着又蹦又跳的女儿，妈妈突然有点内疚，孩子只是想把卫生做得干净一点，并没有错，自己非但不理解她，还嫌她慢。

养育孩子，就像牵着一只蜗牛去散步，需要父母沉下心，耐着性子陪着孩子慢慢走。

三是细心，看见孩子背后的需求。

就像前面说的，孩子的需求有时候没有那么明显，这时就需要你去仔细观察，去解开孩子的情绪密码，读懂孩子背后的需求。

记得有段时间，我工作内容比较多，需要在书房待的时间也比较久，但是可乐那几天没去幼儿园，又比较黏妈妈，我就想了个办法"假装外出上班"。早上跟可乐说"妈妈去上班了"，然后偷偷地溜进书房，把书房门锁好，等中午吃饭的时候再在婆婆的"掩护"下溜到门外敲门进来。

这个办法非常有效，我可以安静地工作，她也可以安心地玩耍。每次跟可乐说"妈妈要去上班"的时候，她比较容易接受，跟奶奶在家玩得也很开心。

但是有一天，我忘记锁书房的门了，可乐突然打开了，看到妈妈在里面，一脸懵，弄得我也不知所措。

后来外出玩耍的时候，她不停地跟小朋友抢东西，抢不到就歇斯底里地大哭，特别委屈的那种，奶奶说"你这样是不对的，不要

有温度的沟通，感受有温度的爱

抢人家的玩具，你玩自己的玩具"，结果她哭得更大声了，最后是哭着回家的。

奶奶跟我说了她在外面的表现，提到一句"今天有点反常，哭得特别委屈"，由此我已经猜到她还没有完全"消化"在书房看到妈妈这件事情。

我问可乐："抢不到小朋友的玩具是不是不开心？"

可乐说："不开心。"

我继续问她："早上看到妈妈在书房，是不是有点不开心呢？"

她说："不开心。"

我又问："那抢不到玩具和看到妈妈（在书房），哪个更不开心呢？"

她说："看到妈妈（在书房）。"

然后她问我："妈妈今天为什么没有去上班？"

我就跟她说："妈妈今天早上去上班了，还跟你说了拜拜，后来身体不舒服回来了。妈妈不知道你在家里，于是就先去书房工作了。妈妈要是知道你在家，肯定先亲亲宝贝，跟宝贝玩一会儿的。"

她似乎对这个答案很满意，还说"奶奶忘记告诉妈妈我在家了"，又问我："妈妈你现在舒服了吗？"

……

至此，关系恢复正常。

孩子突然出现一些"反常"行为，背后肯定是有其他原因的，这时候需要我们有双"火眼金睛"，通过蛛丝马迹找到答案。

2.5 及时回应，才能让孩子感受到被"看见"

弗洛伊德曾经讲过一个故事。

一个三岁的孩子在一个小黑屋里大喊："阿姨，你和我说话，我害怕，这里太黑了。"

阿姨说："那样做有什么用呢，你又看不见我。"

小孩回答说："没关系，有人说话就带来了光。"

在亲子关系中，我们总说要"看见"孩子，可是如何才能让孩子感受到自己被"看见"了呢？你的及时回应，就是一种看见，那是照亮孩子生活的一束光，为你和孩子搭建了一座更为温暖和亲密的情感桥梁。

可是，太多太多时候，我们这些父母明明心中有爱，明明为孩子做了很多，却总是让孩子处于"被忽视"中。

01 与爱相对的不是恨，而是冷漠

曼彻斯特大学心理学教授埃德·特洛尼克做过一个著名的实验，叫**静止脸实验**。

实验开始，妈妈和一岁的宝宝进行亲密互动，热情地打招呼，对宝宝的每个动作都给出积极回应，微笑的表情、亲昵的动作，让宝宝全程沉浸在一种愉快的氛围中。

后来，妈妈根据实验要求换上"静止脸"，不对宝宝做任何反馈，不管宝宝微笑、把双手放在妈妈面前，还是尖叫等试图引起妈妈注意的行为，妈妈都全程冷漠以对，不给予任何回应。

不到两分钟的时间里，宝宝迅速陷入一种焦躁不安和崩溃的状态中，直到妈妈伸出双手将宝宝拥入怀中，宝宝才慢慢平静下来。

实验证明，在妈妈不理孩子的这两分钟时间里，孩子心跳加速，体内的压力激素增加。埃德·特洛尼克教授还指出，如果孩子继续被漠视，而没有机会回到一种好的情景中的话，那么他会持续卡在那个糟糕的情境中，由此带来的心理创伤即便在未来也很难修复。

精神分析学派有句名言：**无回应之地，即是绝境。**

妈妈的冷漠反应对孩子来说，真的就是"天塌下来了"，会让孩子产生一种"存在性焦虑"，陷入"不存在"的痛苦中，甚至是一种"被抛弃的创伤"中。

与爱相对的不是恨，而是冷漠。恨一个人，至少会在意那个人的存在，可冷漠呢，视而不见，它更让人无力。

02 这三种"冷漠"反应，你中招了吗

很多家长会说，我们爱孩子，怎么会像实验中那样那么冷漠地对待孩子呢？其实，在生活中，我们对待孩子的很多反应，无形中给了孩子一种"冷漠"的印象。

(1) "忽视型" 反应

之前在网上看过一个小学生写的一篇作文，题为《我的生命就像家里养的植物》。这篇作文就从一个孩子的视角生动形象地阐述了父母对孩子的"忽视型"反应。

我妈在家里养了几盆植物，她总抱怨别人家的植物都长得可好了，为什么她的不行。以前我总是绞尽脑汁思考原因，直到今天我才发现，我其实和那些植物很像。

我家的植物和我一样一身的病，叶子有缺损，上面有黄斑，颜色难看。原因是我妈忙起来就忘浇水，有时候植物根部都干枯四五天了，她才想起来没浇水。她以前也说过她总会忘记，当时我还说，你没时间打理，干吗养它？后来我发现，我的命运和植物是一样的，她一忙起来，我就被放置、被忽视、被敷衍。

而我爸一出差便两三天不在家，回来就出去玩，我和那些植物就是在这样的环境下成长的，所以结果也是一样的。我妈说她搬家时一盆植物摔碎了，她发现植物根部长满了肥大的不知名的虫子，恶心坏了。现在我想，是不是等到我也从根部烂掉以后，她才会醒悟过来呢？

(2) "无关型" 反应

什么是无关型反应呢？就是你回应的内容跟孩子关注的内容没有任何关系。

心理学家李雪在提到这个概念的时候，曾经举过一个小例子，帮助大家更好地理解。比如孩子抓到一只蚂蚱，兴奋地拿给妈妈看，妈妈的回应既不是"好可爱的蚂蚱啊"，也不是"小心蚂蚱咬人"，而是只关注孩子的手很脏，催促他"你的手好脏，快去洗手"。

这种"无关型"的反应在生活中太常见了。

有温度的沟通，感受有温度的爱

今年夏天，高中同学带女儿朵朵来青岛玩，朵朵第一次见到大海，特别兴奋，看到沙滩上不断爬出很多只小小的螃蟹，更是很惊喜，跟可乐一起抓螃蟹玩。

玩到兴头上，朵朵大喊着："妈妈，快来跟我们一起抓螃蟹，真的好好玩儿！"当时同学正沉浸在美景的拍摄中。

朵朵以为妈妈没听到，加大音量："妈妈，快来看螃蟹。"

同学回过头对女儿说："宝贝，等一等，妈妈拍好照片就过来，这里的海景真的太美了。"

接下来，朵朵喊了妈妈几次，妈妈要么没有回应，要么就是"等一等"。

后来，朵朵把手里的小铲子一扔，一屁股坐在沙滩上说："哼，我生气了！"我赶紧叫同学，同学过来说："又怎么了，妈妈不是说很快就过来吗，你可以跟可乐先玩呀！"这时候，朵朵开始哇哇大哭，越安慰哭得越厉害，似乎要将内心所有的不满和委屈都发泄殆尽。

同学大概觉得有些尴尬，对我说："这孩子这点真不好，动不动就哭鼻子。"她以为女儿只是哭闹发脾气，却没发现是自己的"无关反应""人在心不在"浇灭了孩子原本欣喜的心情，让孩子处于一种"被抛弃"的体验中。

（3）"否定型"反应

当孩子想要帮你洗衣服的时候，你说"哎呀，你洗不了，快放那我洗"。

当孩子想要打扮得漂漂亮亮的时候，你说"长得丑，再打扮也没用，还是把心思放在学习上"。

当孩子说长大了想要做一名宇航员的时候，你说"就你那成绩，别做梦了，还是踏踏实实考个本科再说吧"。

当孩子说毕业了想去外面闯一闯，做自己喜欢的工作时，你说"什么工作都不如考公务员，那才是铁饭碗，旱涝保收"。

没有父母不爱自己的孩子，可多少父母表面打着"为你好"的旗号，实际却否定着孩子的感受、想法、能力，甚至否定着孩子整个人，说出"啥也不会，养你有什么用""我怎么会生出你这么没出息的东西"这种话。

而那些从小得不到父母肯定的孩子，会逐渐变得自卑，习惯性地自我否定，做事犹犹豫豫，一生都在渴求得到肯定。

导演姜文曾经在访谈节目中说："我人生最大的挫折，是父母的差评。"三种反应中，"否定型"反应对孩子的伤害是最大的。

03 及时回应，让孩子感受到被"看见"

（1）少说"等一等"，及时准确地回应孩子

歌手陈美龄在退出演艺圈后攻读了斯坦福大学教育学博士，三个儿子也都相继考上了斯坦福大学，在被问及"教育秘籍"时，她提到很重要的一点，就是"孩子问你问题的时候，千万不要让他等一等"。

她说即使自己在烧菜，儿子走过来问她"妈妈，为什么天是蓝的"，也许自己并不知道答案，但也会第一时间把火关掉，及时回应儿子"你这个问题问得很好，我们一起去找答案吧"。

在孩子跑来跟你分享自己的喜怒哀乐，或者向你求助的时候，家长要第一时间给孩子积极的回应，把那句"等一等"换成一个拥抱，或是一句关心的话，比如"宝贝，怎么了"。

当然，所谓的及时回应，也不是一定要在任何时候都必须放下手中的事情。及时回应的核心，是让孩子随时感受到自己在妈妈心中的重要性，感受到你的无条件接纳、尊重和爱。

如果真的无法第一时间满足，也可以采用其他方式代替"等一等"。

比如你现在真的在忙一件很重要的工作，无法陪着孩子，在他要求跟你一起搭积木的时候，可以跟他说："妈妈知道，你现在很想妈妈跟你一起搭积木，可是，妈妈现在真的有点忙，你先把这些积木搭起来，妈妈忙完马上过来好不好？"

孩子多半会理解你，并自己一边搭积木，一边等着你的约定。这种情况下，一定注意不要忘记跟孩子的约定。

（2）多给孩子一点肯定，让孩子远离"语言暴力"

可乐上中班的第一天，我特意跟老师说在画画的时候多鼓励鼓励孩子。

在她上小班的时候，有一天我们一起画画，她一直不动笔，说"我不会，妈妈你画"，我很奇怪，可乐之前可是特别喜欢在小黑板上涂涂画画的啊。

在我不断的旁敲侧击下，才知道有个大哥哥在她画画的时候说了一句"笨"。一个"笨"字让一个整天喜欢涂鸦的孩子完全不敢动画笔了，在那之后的很长一段

✿ 可乐画的"我的爸爸"

时间，我都鼓励她、肯定她，带着她一起画，但她说的最多的还是"妈妈，我不会，你帮我画吧"。

中班开学后，老师跟我说每节美术课都会鼓励可乐，可乐也开始拿起画笔画画了，画喜欢的棒棒糖，画爸爸的笑脸，画草莓味的月饼……虽然画得不完美，可至少她开始主动拿起画笔了。

基于向师性的特点，年幼的孩子需要父母的肯定，也需要老师的肯定和鼓励，这方面，家长可以多多跟老师沟通。

有温度的沟通，感受有温度的爱

2.6 什么才是真正的"无条件接纳孩子"

我们不仅要看见孩子的需求，让孩子感受到自己被看见，我们更要接纳孩子，让孩子感受到我们的接纳。

相信"无条件接纳"这个词，对很多父母来说并不陌生。我们一次次从儿童心理学专家、育儿专家口中听到这个词，一次次期待着能够用自己的接纳，达到所描绘的那种和谐的亲子关系状态，也一次次在心里打鼓：我们一味地无条件接纳孩子的情绪、个性，甚至是一些小错误，这样真的对吗？会不会养出一个熊孩子？

那么，什么才是真正的无条件接纳呢？我们在养育孩子的过程中常常会对"无条件接纳"这个词产生误解。

01 无条件接纳是一种状态，是发自内心地给孩子安全感

毋庸置疑，父母对孩子的爱是无条件的。

回忆一下孩子刚刚出生时的情景，他那么小小的一团，十分脆弱和无助，吃东西、尿尿、洗澡……全都需要别人来帮忙，这时候他需要的就是无条件的接纳，而我们给他的也往往是无条件的爱和接纳。不管他是否足够聪明，不管他以后会不会听话，甚至不管他

以后会不会孝顺，我们不会想那么多，就是单纯地爱他，满足他所有的需求。

这就是最初的"无条件接纳"。

后来随着孩子慢慢长大，我们开始对他有了期待和要求，我们希望他更乖一些，更省心一些，成绩更好一些，这本无可厚非，但由于我们的养育技巧问题以及孩子的成熟度有限，他们会对我们的动作、表情和语气有所曲解。

我清楚地记得可乐三岁多的时候，她把一枚一块钱的硬币放到嘴里了，其实后来想想，那么大的硬币孩子也不可能咽下去，但是当时特别着急，急匆匆地捏着她的嘴巴督促她赶紧把硬币吐出来，越督促，她越是紧闭着嘴巴，我越担心她会将硬币咽下去。后来她可能是因为看我的表情很害怕，于是哇地哭起来，当她张开嘴的一瞬间，硬币也随着出来了，我终于舒了一口气，她却说："妈妈，你不爱我了吗？"

更别说孩子进入青春期以后会经历叛逆期，这个阶段，他们对父母的误解会更深。

这种情况下，我们的"无条件接纳"不是强压住心中的怒火去妥协和忍受，而是在了解和解读孩子认知世界的基础上，给予孩子最大程度的理解，清楚地表达"我们永远爱你"，发自内心地去爱孩子，给他安全感。

02 接纳孩子的所有情绪，却不是包容他的所有行为

有段时间，可乐喜欢看《超级飞侠》，在手机上学完英语后，会要求继续用手机看五个《超级飞侠》的动画片，而且说话算话，就看五个。

可在我外出学习一周回来后，发现可乐看完五个会要求继续看，如果不让看就把手机一扔，大喊着"我生气了""妈妈，你不给我看，我就不跟你玩了""妈妈，你不给我看，我晚上就不让你搂我了"。

这时候，可乐爸爸会赶紧把手机"奉上"，还献殷勤说"别不跟爸爸玩啊，爸爸喜欢跟可乐玩"，然后，可乐心满意足地继续看动画片，可乐爸爸会跟我说"别老惹孩子生气"。

其实，孩子生气、哭闹，有小情绪是很正常的。我知道可乐处于**"诅咒敏感期"**，她在用"说狠话"的方式来表达自己的需求，这也是正常的，这时候既不要愤怒地训斥孩子"这孩子脾气越来越大了"，也不要一味地去迎合。

一味地迎合不是真正的接纳，而是毫无底线的纵容。

允许你的孩子有各种各样的情绪，也允许她去表达和发泄自己的情绪。当孩子有负面情绪时，可以给她一个拥抱，尝试通过转移注意力的方式让她平静下来，然后跟她一起去解决问题。

刚好可乐新学了一首《拉拉勾》的儿歌，我就在她生气的时候，抱着她大声唱那首歌："你也生气了，我也生气了，不理不睬，不理不睬，小嘴巴往上翘呀，小嘴巴往上翘，你伸小指头，我伸小指头，拉拉勾，拉拉勾，拉拉勾，我们又做好朋友呀，我们又做好朋友。"

小孩子的情绪来得快去得也快，她很快便高高兴兴地跟着我一起唱这首歌了。

这时候，我再重新跟她约定一次看六个动画片，然后跟她一起看，过程中我们还会交流一下，"乐迪好搞笑啊""包警长跳舞很好看"，看完六个以后，她就不看了，再跟我一起看书读故事。

无条件接纳孩子，是允许孩子自由表达自己的情绪，接纳孩子所有的情绪，但不是无原则地去满足孩子的所有要求，包容她所有的行为，面对孩子的一些不恰当的行为，要明确指出来。

作家刘继荣曾经讲过一个"23号女生"的故事。

女孩很普通，学习普通，几乎每次考试都是23名，也没有什么特长，连梦想都很普通：

"长大了，我的第一志愿是当幼儿园老师，领着孩子们唱歌跳舞做游戏。

我的第二志愿是做妈妈，穿着印着叮当猫的围裙，在厨房里做晚餐，然后给我的孩子讲故事，领着他在阳台上看星星。"

每次家庭聚会，女孩父母看着其他孩子们表演特长，说着各自的伟大理想，"钢琴家""政界要人""主持人"，他们都会感到很尴尬，于是决定"改造"女儿，给她请家教、报辅导班、买各种各样的资料……女孩身体扛不住了，得了肺炎，住院半个月，回来考试还是23名。

父母不得不放下执念，让女儿顺其自然。但这时候，父母的接纳还不是真正的接纳，只是一种"无可奈何"。

后来期中考试时，语文试卷有一道附加题："你最欣赏班里的哪位同学，请说出理由"，班上其他同学全部填写了女孩的名字，给出了一大堆理由"热心助人、守信用、好相处"等。女儿跟妈妈说："妈妈，我不想成为英雄，我想成为坐在路边鼓掌的人。"

这时候，妈妈觉得心头一暖，开始释怀，也开始真正地去接纳那个有着平凡梦想的女儿。每个人终其一生都在成为自己想成为的人，而有多少人在年少时渴望成为大英雄，却因为自己是一个平凡人而一生无法释怀，如果孩子想要成为一个温暖的普通人，过着自己想要的生活，又有什么不好呢？

当然，无条件接纳要遵循孩子的成长规律和孩子自身的气质特点，

有温度的沟通，感受有温度的爱

在此基础上接纳孩子当下的成长状态和节奏，并引导他更好地成长。

04 无条件接纳孩子，从无条件接纳自己开始

记得有一年，一个远方表嫂家的孩子突然给我打电话，让我教她妈妈学写作，或者介绍个其他工作也行。我有点诧异，孩子跟我并不熟，只见过两次面，怎么会突然提这种要求，而且大人找工作怎么让一个孩子打电话？后来，这个孩子说了实话，原来是她自己想帮妈妈找份工作，分散一下注意力，她实在受不了妈妈天天唠叨她，只要不做作业，不上辅导班，妈妈就看她不顺眼。

其实，上一次见面的时候，我就对这位表嫂印象很深刻，寒假假期，她把孩子的学习日程安排得满满的，孩子只要不是第一名就不行，我跟她说"不要把孩子逼得太紧"，她却说自己吃过学习不好的亏，"我这辈子也就这样了，以后就靠她了"，她把自己全部的期望都寄托在女儿身上。

一个无法接纳自己的妈妈，对女儿寄予了厚望，却一直无法接纳女儿的"不够努力""不够优秀"。

王人平老师说过，亲子关系本质上是一个人与自己的关系的投射，我们说爱人如己，没有己，没有自我，便没有能力真正去滋养孩子。

无条件接纳孩子，从无条件接纳自己开始，真正地接纳了自己，才有可能去接纳孩子，给孩子关爱。

2.7 养育女孩，要避开这两个误区

澳大利亚著名家庭问题专家史蒂夫·比达尔夫指出，**女孩跟男孩的生理结构不同，决定了其需求是不一样的，因而要差异化养育。**

从大脑结构来看，女孩的情绪更为复杂。

从发育水平来看，女孩会比同龄男孩发育更快。

从成长阶段来看，女孩会比男孩提前两年进入青春期。

前面我们提到孩子在不同的年龄阶段会表现出不同的需求和行为特征，需要我们在脑海中绘制一张成长地图，以此更好地"看见"孩子。其实这张成长地图还有男孩和女孩的差别，那么在养育女孩的过程中，家长需要注意哪些问题呢？

01 掌握 0~18 岁女孩分龄养育的 6 个关键点

在畅销书《养育女孩》中，作者史蒂夫·比达尔夫对女孩 18 岁之前的成长阶段进行了划分，本节内容是在这个划分基础上，结合我自己的经验以及对 100 多位妈妈的采访记录整理而成的。

有温度的沟通，感受有温度的爱

关键点 1：0~2岁，妈妈给足安全感

婴儿在刚出生的前两年，从妈妈温暖的子宫里，一下落入完全陌生的世界，急需要妈妈的怀抱，需要妈妈给予的安全感。

正如心理学家约翰·鲍尔比所说，只有与妈妈形成"安全型依恋"关系的宝宝，未来在面对陌生环境时才会更加自如。在两岁以前，妈妈把"我是安全的，是被爱着的"信念深深扎根在女孩心中，会温暖她的一生。

关键点 2：2~4岁，爸爸一定要参与

大概2岁开始，女孩会对世界充满好奇，并萌发探索的欲望，玩泥巴、捡树叶、跳泥坑……想要弄清楚周围的一切事物——"那是什么？""这个东西是如何运转的？"

很多妈妈反映这个阶段特别累人，眼睛一刻也不敢离开孩子，需要时刻警惕孩子可能会处于危险中，还会下意识地不断提醒孩子"这个危险""这里太脏了""不要离狗狗太近"。某种程度上，妈妈的"保护"不但会阻碍孩子的探索，还会引发孩子的抗拒。

而在鼓励孩子去勇敢探索世界方面，爸爸有着得天独厚的优势，他们特别会玩，富有创造力。比如带着女儿把废旧的纸壳拿来做玩具、衣服，一位爸爸带着女儿做了两套恐龙套装，还有一位爸爸带着女儿用瓜子皮粘贴制作了一幅小猪佩奇的作品。爸爸们还比较放得开，在我嫌脏的时候，我家爸爸会带着可乐一起玩泥巴、跳泥坑，会一起趴在草丛里观察蚂蚁搬家。

因此，在女孩探索欲爆发的阶段，爸爸要积极参与进来。

关键点 3：4~6岁，开启性别之育

这个阶段的孩子特别喜欢问的一个问题是"妈妈，我是从哪里

看见：给孩子足够的安全感

来的？"从小听着"从垃圾桶捡来的"这种答案长大的我们，不要羞于回答，可以借助绘本《小威向前冲》告诉她们。还记得跟可乐一起读的时候，她一脸傲娇，问奶奶："奶奶，你知道我是从哪里来的吗？"然后自问自答："是爸爸的小蝌蚪游进妈妈的肚子里，我可是个游泳高手，是第一名喔！"

儿童心理学家孙瑞雪指出，孩子在四岁左右会进入性别敏感期，开始对自己的身体感兴趣，对男生和女生长得不一样的地方更是好奇。这是孩子认识自己的开始，也是对孩子开启性别启蒙的最佳时期，这一时期的养育重点是让孩子在认识自己身体的基础上学会保护自己的隐私。

关键点 4：6~10 岁，在兴趣上推一把

兴趣培养已经成为养育孩子的"标配"，大概从三岁开始，很多家长都会给孩子物色兴趣班。通常在选择兴趣班的时候，我们应该根据孩子的兴趣进行选择，再带孩子去试听，但六岁以前基本还是一个兴趣班广撒网的阶段。

六岁以后，孩子开始进入小学，学习的东西也渐渐增多，此时需要筛选出 2~3 个兴趣班，让孩子把精力放在真正喜欢的事情上。即使是真正喜欢的事情，孩子也很容易因为贪玩、疲劳而放弃，这时候需要父母适时地推一把，帮孩子守护好她的梦想。

关键点 5：10~14 岁，培养"选择力"

我看过 TED 的一个短片，题为《女孩，我不要你完美》，感触特别深。片中的演讲者提到，女孩自幼接受规避风险和失败的教育，事事谨慎，事事追求完美，反而缺乏了一点勇敢和自信，从而错失了很多机会。

的确，当我跟朋友们聊这个话题时，大家普遍都是听着类似"女孩子嘛，应该学文科""女孩子，适合当老师或护士，找一份安安稳稳的工作多好""女孩子学得好不如嫁得好"这种偏见成长起来的，在这种"包办式选择"的环境下，很多女孩渐渐失去了追求自我的勇气，也渐渐失去了自己做选择的能力。更可怕的是，她们中有的按照世俗的眼光选择了一份安稳的工作和家庭条件不错的老公，却总是心有不甘，而有的"固执"地选择跟父母对着干，在外面漂泊了几年，开始羡慕发小安逸的生活，却因为当初没有听父母的话而对父母充满了内疚之情。

穿什么样的衣服，玩什么样的玩具，交什么样的朋友，选什么样的专业，做什么样的工作……人生中充满了大大小小的选择，我们无法为孩子做好所有的选择，与其看着她在一些重大的选择前纠结，抑或是草率地做出一个决定而在多年后后悔不已，倒不如早一点适度地训练她的"选择力"。

学会选择，孩子才会真正长大。10~14岁，孩子开始独自面对很多选择，而这些选择又不足以大到改变一生，即使孩子走一些弯路，也在掌控范围之内，这一阶段是锻炼提升孩子选择力的最佳阶段。

关键点6：14~18岁，指引方向

14岁的女孩处于"叛逆"的青春期，又将迎来中考、高考这两个人生中非常重要的考试。

不够成熟，却需要做出很多选择，为自己的人生负责。

充满困惑，却又无法靠自己给出足够好的答案。

这时候，孩子需要父母为她们指引方向，更需要父母的接纳和包容，过程中一定要注意沟通技巧，最忌"武断"和"语言暴力"。

女孩和男孩在语言能力、情绪表达、空间思维能力等方面有很多与生俱来的不同，因此在养育过程中方法也有所不同，要尽量避开一些误区。

（1）性别偏见

这里所说的"性别偏见"，不是歧视女孩，而是在女孩身上贴太多的女性标签。

我家可乐对毛茸茸的玩具、芭比娃娃、小饰品之类的东西完全不感兴趣，反而钟情于各种各样的玩具车，每次去玩具店都会买回一大堆小车车，越野车、购物车……连马桶都要选小汽车的造型。

婆婆常常唠叨可乐"一点女孩样儿也没有"。是不是很耳熟？

"女孩子应该文文静静的。"

"女孩子应该安安稳稳找份工作，别瞎折腾。"

"女孩子迟早要嫁人的，读那么多书干吗？"

太多太多的女孩在这种"偏见"中长大，遵循着这样的偏见，不能做自己喜欢的事情，不能自由自在地生活，甚至还没来得及挖掘自己的潜能，就过早地把自己的一生托付给一段感情。

短片《女孩是什么做成的》中，小女孩唱道："我们女孩是什么做成的？是鲜花做的？是戒指做的？是花边做的？是果酱做的……不，女孩是钢铁做成的，是努力认真与自我奉献做成的，是勇气与握紧的拳头做成的，不怕跌倒受伤，勇于面对痛苦，是独立与技巧做成的，热情洋溢也饱含尊严……"

女孩可以文静乖巧，也可以活泼好动，可以做美美的小公主，也可以是风一样的女汉子。父母不仅要鼓励孩子"做自己"，还要给孩子底气去冲破那些世俗偏见。

（2）过于富养

都说女孩要富养，这句话本身没错，但很多家长误读了"富养"这两个字。给孩子买最贵的玩具，让孩子穿最贵的裙子，吃最好的东西，上最贵的兴趣班，甚至走向极端，父母节衣缩食也要让孩子过上"奢侈"的生活。

这样的富养，很容易让孩子沾染一身"公主病"，甚至看不起自己的父母。

其实，作为一个女孩的妈妈，我特别理解这些父母的做法，他们努力给孩子最好的，是想让女儿明白外面世界能给她的，家里也能给她，这样等孩子长大了，就不会因为你有的东西我没有，或者我从来没见过而轻易被外界所诱惑。这一点，我老公表现得特别明显，让人哭笑不得。大概可乐两岁多的时候，他一看到女儿跟小男孩一起玩儿，都会秒变007，拉着女儿就走，还说你想吃什么爸爸给你买，你想玩什么玩具爸爸给你买……

但真正的富养，是"富"在见识上，带她多去见识更大的世界。

见过世面的女孩，知道天有多高，知道坑有多深，知道自己在哪里，能讲究，也能将就，享受得了最好的，也能承受得住最坏的，正如那句"阳光下像个孩子，风雨中像个大人"。

真正的富养，是"富"在心上，让孩子感受到你对她的无限宠爱。

被父母宠爱的女孩，在独闯世界时更勇敢、自信，有主见，内心温暖有爱，遇到再大的风浪也能温暖自己，不轻易地从别人身上求取一点点温暖。

2.8 养育男孩，要避开这两个误区

上一节中，我们讲述了养育女孩过程中的分龄养育要点和需要避开的误区，这一节，我们将进一步阐述男孩在不同成长阶段的表现和需求。

01 掌握 0~18 岁男孩分龄养育的四个关键点

著名家庭问题专家史蒂夫·比达尔夫在畅销书《养育男孩》中，对男孩的成长阶段做了细分，并阐述了母亲和父亲在男孩成长中的不同影响，给了我很大的启发。

关键点 1：0~3 岁，妈妈给足陪伴

虽然男孩在长成小男子汉后会很独立，但男孩在小的时候是很脆弱的，对妈妈特别依恋，不愿跟妈妈分开。有研究表明，男孩在面对分离的时候比女孩更焦虑，也更容易在情感上封闭自己。因而，在男孩六岁前，尤其是三岁前，妈妈要给儿子更多的陪伴、更多的爱。

另外，男孩相对于女孩发育得慢一些。基于大脑结构的不同，男孩在语言表达、情绪表达方面都比女孩稍差一些，妈妈在语言启

蒙方面更有优势，可以通过读绘本、讲故事、聊天等方式，"刻意"提升孩子听说读写方面的能力。

关键点 2：4~6岁，爸爸积极参与，开启规则之育

男孩进入四岁以后开始变得淘气好动，对一些战斗、冒险类的活动充满了兴趣，还喜欢打架，具有一定的破坏力。此时，他们需要的不是"批评和制止"，而是在激发创造力的同时，建立规则意识，这一点，父亲具有得天独厚的优势。

台湾心理学博士许皓宜认为，父亲扮演"燃料"的角色，他能够推动孩子向前探索，让男孩从母亲安全的怀抱中走入人群，进而从内心发展出对世界的兴趣和对于人生的冒险冲劲。父亲，是我们对未来与未知充满好奇的源头。

很多爸爸表示，他们很享受这个阶段，终于可以带着儿子踢球看球赛，向他们介绍球赛规则以及自己喜欢的球星，就像有了一个志同道合的新朋友。在做游戏、比赛的时候，清楚地告诉男孩规则，问一句"能做到吗"，男孩通常都会信誓旦旦地来一句"能做到"。

跟着爸爸一起爬山、打球、抓鱼，打打闹闹，男孩也会变得更加勇敢、自信、有创造力。

关键点 3：7~13岁，优秀品格形成的关键期

父亲是孩子生命中的第一个男性形象，他的一言一行会在无形中为孩子提供一种"男人的模板"。正如诗人北岛在《给父亲》中所写的那样"你召唤我成为儿子，我跟随你成为父亲"，对于男孩而言，他长大后，身上会有父亲的影子。

这一阶段的男孩越来越喜欢跟爸爸在一起了，同时也喜欢跟其他一些优秀的男性在一起，比如男老师、男性亲戚。去年，小外甥

俊俊来我家住了一周，他特别喜欢跟姨夫在一起，睁眼就是"姨夫，今天我们一起去蹦床吧""姨夫，咱们啥时候去海边挖沙子啊""姨夫，你看我这个造型酷不酷"，姨夫交给他的小任务"跟妹妹一起玩会儿捉迷藏""把这些玩具收好"，他都会屁颠屁颠地快速完成。

这一时期，他们开始关注男人应该具备什么样的品质，也会主动去学习这些品质，是优秀品格形成的关键时期。因此，在这一阶段，父亲的"言传身教"极为重要。

（1）教会男孩尊重女性

我身边很多女孩的妈妈，每次看到一些"女孩被欺负"的新闻时，都会忍不住在群里吐槽"除了让我们教会女儿自保，更要让男孩父母教会孩子尊重女性"。而教会男孩尊重女性要从父亲尊重母亲开始。倘若丈夫对妻子呵护有加，那么父亲的一句话一个动作都会被孩子记在心里，看看嗯哼这个小暖男就知道了，他的暖，大部分是从爸爸杜江身上学来的。

（2）带着孩子一起做家务

男孩多做家务有什么好处？一位男孩妈妈的回答曾经获赞无数："家务是学习的一部分，也是生活的一部分，家务劳动能锻炼你的动手能力，培养你的感恩之心，让你变得有耐心有爱心。你以后的媳妇也是她父母的心肝宝贝，为什么她要承担全部的家务呢？你现在做家务，会变得更有责任感。我希望你将来能泡得了书房，下得了厨房，有责任，有担当。"

不要总说"男孩子做什么家务"，男孩子要做家务，做家务不仅能够锻炼手部精细动作，促进大脑发育，更能增强孩子的独立性和自信心，还有助于培养条理、耐心、踏实、担当等优秀品质。

上海普陀区一家小学还把家务列入家庭作业，校长表示，做家务后，孩子们的劳动意识和家庭责任意识有了明显的改善。很多学生家长也反映，孩子在做家务过程中，变得更加细心和耐心，也更有责任感了。

（3）培养孩子自律

蔡康永曾经讲过一个小故事，家里一个晚辈来问他可不可以做一个废物，他选择尊重孩子的意愿说"可以"，但是又说："其实人生完成一些事情，是很有意思的。有一天如果你发现，你什么也没有完成，可是已经来不及的时候，你心里真的没有一丝惋惜？你要把你的人生丢去做废物，你舍得吗？"

人生最大的遗憾，就是"我本可以"，但是因为自己的不自律而一次次放弃，让自己错过很多美好的风景。自律，某种程度上决定了一个人的人生高度。小学阶段是培养孩子学习习惯的重要时期，这个阶段要注意在孩子学习和兴趣的培养上多"推一把"。

关键点4：14~18岁，指引方向

14岁，男孩开始进入一个新的阶段，慢慢成长为一个真正的男人。他们充满激情，却又情绪多变，向往着更广阔的世界，却还不够成熟去应对。

这个阶段，男孩跟女孩一样，都处于"叛逆"的青春期，他们也同样需要父母为他们指引方向，需要父母的接纳和包容。相比女孩，男孩在需要指引的同时，更需要父母的"放手"，也更排斥父母的否定或者训斥。

02 养育男孩，要避开这两个误区

我们对男孩有一些刻板印象，总觉得他们应该很坚强，是小小男子汉，却忽略了他们也有脆弱的一面。在养育男孩的过程中，也要尽量避开一些误区。

（1）不许男孩哭

"如果我女儿摔跟头哭了，我会特别伤心难过，如果我儿子摔跟头哭了，我会特别不开心，觉得有什么好哭的，尽量不要哭，男孩儿要有男孩儿的样子。"

汪小菲这句话说出了多少父母的心声啊！生活中，常常会听到爸爸妈妈训斥那个哇哇大哭的男孩：

"男孩子哭什么哭，没出息！"

"动不动就哭鼻子，算什么男子汉啊！"

"男孩要有男孩的样子，要坚强！"

我有次带可乐去打疫苗，有个小男孩疼得想哭，他爸爸一直说"男孩子哭什么哭，憋回去"，小男孩真的憋着不哭，但看上去更委屈。可乐问我："妈妈，哥哥疼了为什么不能哭？"

男孩也需要发泄自己的情绪，也需要在他难过哭泣的时候，有一个大大的拥抱"包裹"着他，给他足够的温暖和接纳。

美国儿童心理学家迈克尔·汤普森说，一味地坚持传统的刻板理念，阻止了男孩子承认本身的情绪，也妨碍了男孩的情感发展，是引导男孩远离自我内心的一种错误的情感教育行为。

爱那个男孩，就允许他哭，允许他发泄情绪吧！

（2）过于穷养

古话说：男孩要穷养，女孩要富养。但是，这也讲究一个"度"，

有温度的沟通，感受有温度的爱

女孩不能太过富养，男孩也不能太过穷养，否则会过犹不及。

我见过一个很夸张的家庭，给女儿的都是最好的，衣服成百上千，而儿子的衣服要么是别人给的，要么是几十块钱的，说是培养男孩的男子汉气概，可这个男孩在家里没有一点男子汉气概。

穷养，本意是想通过适度吃苦，让男孩体会到生活的不易，将来能够变得坚强有担当，吃得人生中的苦，不慕虚荣，不卑不亢，是一种健康的育儿方式。可是，过度穷养非但不能让孩子变得更优秀和强大，反而会让孩子变得自卑、敏感、格局小，更觉得自己不值得爱，不配得到爱。

来看看知乎上的网友留言，在"男孩从小被穷养是一种什么样的体验？"这个问题下面，一条一条的留言，读来是满满的心酸。

"变成一个懂事却根本不快乐的人。"

"就是当别人和你谈兴趣谈爱好的时候，你第一反应不是自己喜欢与否，而是钱！穷养的后果就是对钱极度敏感，能省就省。"

"父母对贫穷的信仰坚定不移，他们深信贫穷能够让一个男孩学会吃苦，知道赚钱不易。然而他们只是把自己的儿子养成了一个自卑敏感又内向不善交际的人。"

杨澜曾说，无论穷养、富养都不是问题的核心，问题的核心是，你需要让孩子从小把钱、情感、价值、精神能够放在一个相对合理的位置上。

即使家境贫困，给孩子贫穷的物质条件，也要传递给孩子一种积极向上的价值观，让孩子感受到家庭的温暖和能量。倘若刻意让孩子体验贫穷的生活状态，让孩子变得自卑，什么东西都不敢要，什么好东西都觉得自己配不上，那真就把孩子养"穷"了。

工具 2 绘制一幅孩子的成长地图

观察孩子的行为，绘制一幅孩子自己的成长地图，这是我绘制的可乐的成长地图。

5岁：成长的美妙期

4岁：语言能力快速提升期

3岁：调皮又可爱

2岁：迎来人生中第一个叛逆期

1岁：培养孩子的安全感

0~1岁：培养孩子的安全感

身心发展：

3个月，开始用嘴巴探索世界，什么东西都往嘴里放。

5个月，不喜欢陌生人抱。

8个月，吃饭喜欢用手抓。

11个月，会说简单的词。

能力提升：

以动作能力提升为主，语言能力开始发展，会说简单的词。

养育重点：

无条件接纳孩子，多抱，多互动，开始亲子阅读。

1~2岁：迎来人生中第一个叛逆期

身心发展：

13个月，喜欢跟着音乐跳动。

16个月，会走了，走得晚但很稳。

19个月，开始喜欢说"不"，什么都要"自己来"。

21个月，自己上厕所了。

能力提升：

独立意识增强，也有了自己的小情绪。

人际交往能力开始发展，喜欢跟小朋友一起玩耍。

养育重点：

约定规矩的基础上多顺从，培养孩子的自理能力，鼓励多交往。

2~3岁：调皮又可爱

身心发展：

依然处于"可怕的两岁"，叛逆期愈演愈烈。

调皮起来真的是"气人"，但是可爱起来又特别"惹人爱"。

能力提升：

沟通能力、语言表达能力、自理能力都在提升。

养育重点：

为9月份入园做准备。

3~4岁：语言能力快速提升期

身心发展：

逐渐适应幼儿园规律的生活。

语言积累增加，进入"诅咒敏感期"，开始说脏话。

能力提升：

记忆力超级好，《弟子规》可以背很多。

身体动作方面的天赋开始展现。

养育重点：

多鼓励，培养孩子自信。

坚持亲子阅读，鼓励孩子自己讲故事。

📖 4~5岁：成长的美妙期

身心发展：

喜欢表达爱。

有了固定的好朋友，享受友谊的甜蜜，也会有小烦恼。

对数学充满了兴趣。

能力提升：

记忆力、专注力、讲故事的能力大幅提升。

养育重点：

多表达爱，多带她外出，以此增长见识。

开始报兴趣班。

〜〜〜〜〜〜〜〜〜〜〜〜〜〜〜〜〜〜〜〜〜

你也可以从身心发展、能力提升、养育重点等方面来为孩子绘制自己的成长地图。

有温度的沟通，感受有温度的爱

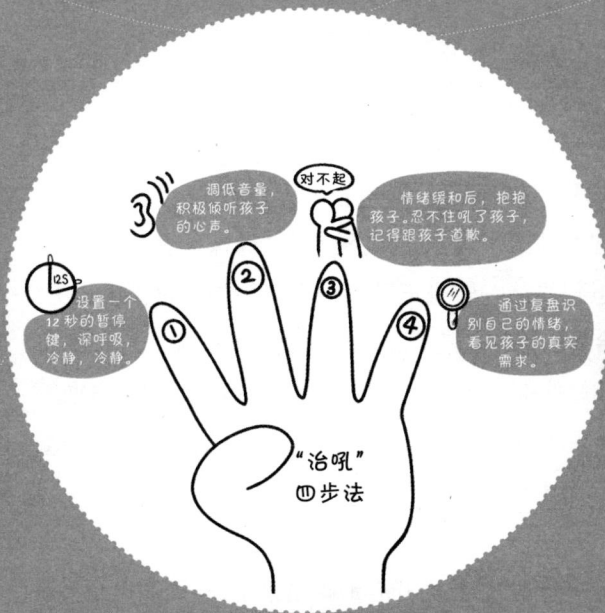

第 3 章

共情：让你们的关系更亲密

3.1 当孩子发脾气，为何"哄"不管用

　　国庆假期的时候，刚满四岁的可乐回姥姥家，跟四岁半的表姐悠悠发生了冲突，两人都在争抢一个红色气球。

　　后来，舅舅把气球给了可乐，跟悠悠说"妹妹是客人，我们得让着她点"，没想到悠悠一转身把卧室门"哐"的一声关上，大声哭喊着"你们都给我出去"，随后在屋里号啕大哭起来。

　　爸爸进屋，被悠悠推了出来，妈妈进屋，也被悠悠推了出来。

　　于是，爸爸就在屋外"哄"着"别哭了，我再给你买十个气球，比这个还漂亮""你要是不哭了，我带你去吃汉堡、吃比萨"，可是哭声还是很大。

　　后来妈妈进屋一会儿，悠悠便开心地跑出来了，还要向可乐道歉。我问弟妹是怎么搞定的，她说就是陪着孩子在床上趴着，后来搂着她，然后转移了一下注意力，孩子的情绪来得快去得也快，很快就好了。

　　这其实就是"共情"，具体来讲，就是在孩子发脾气闹情绪的时候，多站在孩子角度感同身受地去理解和感受孩子的情绪，进而看见孩子的需求，接纳和引导孩子走出情绪。

　　孩子在哭闹的时候，他所需要的不是父母一味地"哄"，更不是各种无原则的妥协，而是感同身受般的共情和理解。

01 孩子发脾气，从来不是"无理取闹"

"你家孩子发过脾气吗？"如果问爸爸妈妈这个问题，他们绝对会炸开锅。其实，孩子发脾气真的是再正常不过的一件事了。

四个月大的孩子会因为自己总是翻身不成功而发脾气哇哇大哭。

两岁的孩子会因为一句"不行"而发脾气摔碗筷。

三岁的孩子会因为不让她吃糖而发脾气大喊着"我生气了"。

我婆婆每次看到可乐发脾气，都会唠叨一句"现在的小孩怎么脾气这么大啊"，老公则会来一句"还不是被你们惯坏的"。

孩子发脾气真的是被惯坏的吗？《全脑教养法》一书中详细讲述了孩子是如何在右脑的支配下情绪泛滥的。

大脑分为左右两个部分，左脑是逻辑的、语言的、求实的，而右脑则是情感的、非语言的、经验化的，右脑负责接收和解读情感信息，更加感性。在孩子成长过程中，尤其是三岁以前，右脑会占据主导地位，因而他们的情绪是直接的，不会经过任何逻辑性的分析。

而一旦被情绪支配，孩子便会在这种情绪中越陷越深，除非得到满足右脑情感需求的回应为止。而对于那些所谓的"左脑式"的回应，要么忽视，要么反抗。

前面案例中，悠悠在发脾气的时候，为什么爸爸怎么"哄"都"哄"不好呢？爸爸那些说教式的"妹妹是客人，我们得让着她"就是偏逻辑的"左脑式"的回应，而"别哭了，我再给你买10个气球，比这个还漂亮""你要是不哭了，我带你去吃汉堡、吃比萨"，这样的回答也没有回应她右脑情感的需求。

她需要的是妈妈感同身受式的情感回应，不是用"不哭"来解决问题，而是情感的联结。

每一个发脾气的孩子，背后都藏着一种情绪的表达，以及一种情感联结的需求。而每一个被情绪支配的孩子，通常家长怎么哄都哄不好，其实这并非孩子在无理取闹，而是他自己也身处左右脑无法平衡的冲突中，此时的他无法也无力控制自己的情绪，需要成人的引导。

02 比起"哄"，这两种处理方式更容易伤害孩子

我们已经了解了孩子发脾气是因为大脑发育还不够成熟造成的，因而，面对那个哭闹发脾气的孩子，"哄"不管用，父母常用的这两种方式，同样也不建议采用。

一是批评甚至暴力制止。以前在外面看到过这样的情景，孩子一边哭一边说"我都已经认错了，你还要怎样"，而旁边的妈妈还是不停地说"你说你到底错哪了""你这个态度就不像认错"。

面对那个情绪失控大喊大叫，甚至摔盘子摔碗的"小恶魔"，有些家长很容易被激怒，从而对孩子进行严厉的批评，甚至说出一些"狠话"，对孩子进行打骂，其实这样做非但解决不了问题，反而会对孩子造成更大的伤害。

一个孩子愿意在父母面前任性、发脾气、哭闹，从某种程度上讲这是对父母的信任，他相信父母会无条件地接纳自己、爱自己。当你的批评甚至暴力让孩子不再反抗，不再耍小性子，甚至变成"讨好型人格"，在家里事事谨慎，小心翼翼地讨好别人时，那才真的让人心疼。

二是冷处理。有次在商场，一个男孩哭闹着要买玩具，爸爸不给他买，男孩就开始躺在地上撒泼打滚，然后爸爸说了一句"你不起来，我就走了啊"，之后真的就下楼了，后来男孩又开始哭喊着找爸爸，一个人向电梯冲去，这时被楼梯边一位阿姨拦住，随后阿

有温度的沟通，感受有温度的爱

姨带着他下了楼。

让孩子静一静，让孩子知道哭是没用的，等他哭够了，就没事了。很多采取冷处理的家长，是带着这样的想法来处理孩子情绪的，可是就像我们前面所说的"无回应之地，即是绝境"，就怕孩子哭够了，闹够了，最后情绪是没了，但心也凉了。

❤ 孩子哭闹时家长4种常见的处理方式

03 共心共情，接纳孩子的情绪

在讲共情之前，我们先一起做一个小测试，这是我在网上看到的。

设想一下，你是一个小男孩的家长，男孩比较贪玩，周末你带孩子去公园玩儿，一转身他就不见了，你找啊找，就是没找到，一直到了傍晚，在你最着急的时候，你看到有人牵着男孩的手走过来。请问，你对孩子说的第一句话会是什么？

A 质问孩子："你跑哪儿去了？不是告诉你不要乱跑吗？"

B 施以暴力：直接上去给孩子两巴掌，或者踹两脚。

C 抱住孩子，安慰孩子："宝贝，找不到爸爸妈妈吓坏了吧！妈妈找不到你，都快急死了。回来就好，回来就好，不怕不怕。"

孩子一天找不到自己的爸爸妈妈，内心肯定也是充满了恐惧、害怕，也会很着急，这时候，站在孩子的角度接纳并安抚孩子紧张、恐惧的情绪，就是"共情"，比如选项 C。

"共情" 是人本主义心理学创始人罗杰斯提出的，意思是站在别人的角度考虑问题，进入他人的私人认知世界，并完全扎根于此。

这个词最近几年在育儿领域被提及的频率比较高，它引导家长在亲子沟通过程中多站在孩子的角度去体验孩子的情绪，接纳孩子的情绪，多倾听孩子，多说"我听见""我看见""你希望"等词汇。

但也有些家长反应自己也试着说了这些词去共情，但孩子还是哭，到底是哪里出了问题呢？很喜欢劳伦斯·科恩博士提到的 **"共心共情"** 的概念，你的共情应该是发自内心的，是为了跟孩子建立情感上的联结，而不是通过简单的套用模板而达到化解孩子情绪的目的。

我有次跟可乐读了一本关于伤口是怎么愈合的绘本，里面提到要贴创可贴，于是她开始痴迷于"创可贴"，被蚊子叮了要贴创可贴，甚至会假装腿破了，说要创可贴。

刚开始我会说"妈妈也知道你被蚊子叮了不舒服，妈妈被蚊子叮了也不舒服，我们抹点药就好了，贴创可贴不管用"，后来即使抹上了药，她还吵着要创可贴，还说"有伤口的时候，不是需要贴创可贴吗"，直到这时，我才意识到，她需要的是创可贴，等给她贴了创可贴，她立刻就说不疼了。

再后来假装腿破了要贴创可贴的时候，我也会煞有其事地帮她把创可贴贴好，还叮嘱她不要碰水，她真的会认真地说不疼了，在我要给她洗澡的时候还提醒我"这里不能碰水喔"。

"创可贴事件"中，最初的共情，我虽然貌似对可乐"感同身受"，事实上不仅没有了解她的需求，还在否定她的感受"贴创可贴不管用"，直到后来真正地接纳她的情绪，理解她的需求，跟她一起体验贴创可贴的过程，一起体验贴创可贴的注意事项，这才算是"共心共情"了，还顺便科普了绘本中的知识。

🗨️ 04 教会孩子管理好自己的情绪

3~6岁是孩子学会情绪管理的关键期，在孩子哭闹发脾气的时候，家长除了要共心共情，接纳孩子的情绪之外，还要教会孩子管理好自己的情绪。

开心、害羞、烦躁、悲伤、焦虑、恐惧……这些情绪并不是孩子天生就知道的，而是在成长过程中慢慢了解到的。在这个过程中，孩子有时候也会误读情绪，比如可乐听到别人说过一个词"害羞"，之后她便根据那个场景去自我判断"害羞"的意思，却始终没能完全理解害羞这种情绪，好多次使用不恰当，搞得我一脸懵。

后来我们一起读绘本《害羞的面条和兴奋的鸡蛋》，这本书对"害羞"进行了解释，但对低年龄段的孩子来说，可能不是那么易懂。家长可以用角色扮演的方式帮助孩子理解情绪。书中提供了一个"情感餐厅"，还介绍了开心的热狗、愤怒的苹果、害怕的小虾……对于这些常见的情绪，**家长都可以通过绘本＋角色扮演的方式让孩子去了解。**可乐有时候会来一句"我现在是热狗"，通过这句话，其实她在表达自己现在很开心。

三岁以前，家长重点要跟孩子一起认识情绪，比如孩子哈哈大笑的时候，你可以跟他说"宝贝现在好开心啊"，孩子生气地想要扔书的时候，你跟他说"我家宝贝生气了"……通过这些语言引导孩子在生活中感知不同的情绪。还有很重要的一点，就是让孩子了解情绪没有好坏之分。

三岁以后，家长要在孩子识别情绪的基础上，重点引导孩子去管理自己的情绪，比如应对负面情绪，可以尝试用"深呼吸""生气汤"的方式来缓解情绪，也可以通过打气球等方式去排解。

有温度的沟通，感受有温度的爱

3.2 家长越吼孩子越叛逆，这样沟通比吼一千次还有效

在生活中，父母冲着孩子大吼大叫，大家对此似乎已司空见惯。

孩子把家里涂得"五颜六色"，父母会大吼。

孩子在玩具店哭喊着要买霸王龙、奥特曼，父母会大吼。

孩子不好好坐着写作业，父母还是会大吼。

我们常常会认为温柔的老母亲之所以"河东狮吼"，是被一个个"小怪兽"逼出来的，甚至会认为吼一吼至少能帮孩子改正一些坏习惯，可事实真的是这样吗？

美国著名亲子教育专家罗娜·雷纳在《不吼不叫》中曾经写道：**吼叫，是父母对孩子的一种情感虐待。**当我们大吼大叫时，始终观察着我们、把我们当作唯一依靠的孩子，他们眼见最亲爱的父母失去控制，可能会满心恐惧，也可能会满心怨恨，**唯一不可能的，是你所期望的：收获爱与改正的动力。**

01 被吼后的孩子，到底有多受伤

先跟大家分享一本绘本《大嗓门妈妈》，讲的就是一只小企鹅

在被企鹅妈妈吼叫后吓得魂飞魄散的故事：

我的脑袋飞到了宇宙里，

我的肚子落入了大海里，

我的翅膀掉到了热带丛林中，

我的嘴巴插在了高山上，

......

绘本最后，企鹅妈妈开着大船来找小企鹅，把小企鹅丢失的部分一点点找回来并缝好，还真诚地跟小企鹅说了"对不起"。

可是，在缝的过程中，小企鹅会痛，缝好的小企鹅也依然会留有伤痕。

那个被吼后的孩子或许会在我们拥抱他、说声"对不起"的时候，选择原谅我们，可是内心会留下阴影，甚至是创伤，从此跟父母心生芥蒂：

会变得叛逆，父母越不让干什么，越是干什么。

会变得自卑，总觉得自己什么都做不好。

会变得跟父母什么也不说，不管是好的还是坏的，这其实也是我们最担心的。孩子在成长过程中总会遇到一些困惑和挫折，这时候需要有人尤其是父母给予抚慰和引导，但是如果亲子之间的联结中断了，那么孩子一个人便会承受很大的压力，进而更容易走错路，甚至走极端。

02 当我们在吼孩子的时候，多少次是在发泄情绪

不管是育儿群，还是公众号后台，我经常看到很多妈妈发信息求助：我也知道吼孩子不好，我也不想吼孩子，可就是忍不住，吼完就后悔，可是下一次还是这样，我该怎么办？

其实仔细想想，我们之所以冲孩子大吼大叫，其实是因为没有看到孩子背后真正的需求，我们容忍不了孩子的一点点小错误，或者是我们在借机释放自己当下、甚至是潜意识中的情绪。

可乐特别喜欢小动物，在楼下散步时常常会看到欢快奔跑的小狗。每当这时，她都会兴奋地想要靠近小狗，出于安全起见，我每次都会制止。有次她看到一个小哥哥跟自己的狗狗亲密互动，就动心了，非要去找狗狗玩耍，怎么说都不听，我最后忍不住吼了她。

看到她哇哇大哭，我特别心疼。婆婆说其实那是家养的宠物狗，还是很温顺的，可我是个超级怕狗的人，不管是多么小的狗，只要看到就会吓得不敢动。于是在看到女儿想要靠近狗狗时，那种恐惧和无力感瞬间迸发了。

还有一种情况，就是父母身上背负着原生家庭带来的伤痛。如果父母小时候是被吼着甚至是在打骂中长大的，那么当他们成为父母后，会"惯性"地以同样的方式去对待自己的孩子。

因而，对于经常忍不住吼孩子这一行为，我们需要深刻剖析其原因，只有这样，才能更好地"治吼"。

美国心理学博士托马斯·戈登提出过一个"行为窗口"模式，将孩子所有可能的行为，包括所说的话和所做的事情，分为"可接纳行为"和"不可接纳行为"。

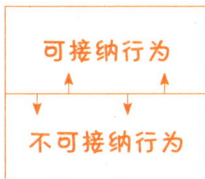

两种行为之间的分界线并不是固定的，而是动态变化的，受到很多因素的影响，比如父母的接纳度、心情的好坏、环境的变化、孩子的状态等。

就像前面提到的，我因为自己怕狗，所以接纳不了"可乐去靠近狗狗"的行为，而可乐爸爸却很喜欢狗，以前还养过狗，他对"可乐去靠近狗狗"这一行为的接纳度就很高，甚至会鼓励可乐去跟狗狗互动。

再以可乐早上上学为例。可乐的性子比较磨蹭，她所在的幼儿园是在早上9点开始上国学课，我对她的要求是赶得及上课就好。但是周一早上9点要举行升旗仪式，学校要求8:30前入园，此时我对她的接纳线就会上移，周一早上她再跟往常一样磨磨蹭蹭，我就容易急躁。

如果遇到下雨天，我们要步行去幼儿园，路上跳跳水坑、驻足欣赏一下雨景，都是可以的，赶不及上国学课也可以，这时候我对她的接纳线会下移，情绪就会比较温和随意。

同样的行为，我们对孩子的接纳度也是不同的。当我们忍不住想要吼孩子的时候，冷静地想一想是什么原因让我们的"接纳线"有了变化，我们是真的接受不了孩子的行为，还是因为受其他因素的影响。

03 "治吼"四步法，让你不急不吼轻松育儿

那么，面对那个近乎情绪失控的自己，我们该怎么办呢？

第一步：给自己设置一个12秒的暂停键

美国情绪管理专家罗纳德博士曾说，暴风雨般的愤怒，持续时间往往不超过12秒，爆发时会摧毁一切，然而，倘若控制好这12秒，排解掉负面情绪，换来的就是风平浪静。

一旦发觉自己可能情绪失控，深呼吸，告诉自己"冷静，冷静"，

给自己一个暂停键，从 1 默数到 12。在数数的过程中，我们的情绪会渐渐趋于平静，之后再问问自己到底为什么生气？是不能接纳孩子的行为，还是自己正在被情绪所困扰？

第二步：调低音量，积极倾听孩子的心声

当你在跟孩子沟通，尤其是带着情绪沟通的时候，要尽量调低音量，努力创造一个积极平和的沟通环境，只有这样，才能真正看到、听到孩子到底想要什么、为什么这么做。

曾经看过一段话，送给父母，也送给孩子：

急事，慢慢地说；

大事，清楚地说；

小事，幽默地说。

可乐三岁的时候特别喜欢玩过家家，每天沉浸在"做饭"的欢乐中，每次外出只要看到厨房玩具就要买回来，于是，我不仅给她买了一套很全的厨房装备，还根据她的需求额外配置了一些锅碗瓢盆、水果蔬菜、油盐酱醋，感觉这些配置完全可以满足她的需求了。

可是有次去商场，当她看到一个厨房玩具套装时又要吵着买，我一看家里有同款，只是颜色不一样，于是就没给她买，毕竟我不能把全世界的厨房玩具都搬回家啊。

见她站在那里不走，奶奶就说"家里明明都有，还要买，这孩子被惯坏了"，听了奶奶的话后可乐开始哭，而且越哭越大声，店里的销售人员借机不停地劝"孩子愿意买，就买一个吧，才 100 多块钱"。

听她哭得闹心，我有点生气了，但很快便冷静下来，要知道可乐并不是一个看见什么都买的孩子，为了进一步了解她的真实想法，我蹲下来低声问她："可乐，妈妈知道不给你买玩具，你不开心，

可是妈妈觉得咱家都有这些玩具了，你能告诉妈妈为什么非要买吗？理由充分的话，咱们就买。"

我抱着她，过了一会儿，她说："家里没有这个茶壶。"好吧，这么几十件东西，我们看着家里都有，可她却心知肚明"家里没有这个茶壶"。

后来，我们一起挑选了另一个简单的、带有茶壶的小套装。

第三步：情绪缓和后，抱抱孩子，向孩子道歉

如果真忍不住吼了孩子，一定要抱抱孩子，跟她道歉，让孩子明白，妈妈也是人，也有情绪失控的时候，更要让孩子知道，不管怎样，妈妈永远爱自己的孩子。

孙燕姿曾经在采访中提到，生活中，她也有情绪失控的时候，每次冲儿子大吼大叫后，她会马上跟儿子道歉，并解释原因。吼完没解释，孩子只会害怕，这种方式并不利于问题的解决。

那么，向孩子道歉有什么技巧呢？《道歉的力量》一书中提到三个关键因素，可以借鉴一下：自责、解释、补偿。

比如：

自责：对不起，宝贝，妈妈刚才不该发那么大脾气，让我们宝贝难过了。

解释：我不该朝你发火，你只是想让妈妈陪你玩，是妈妈没有理解你的意思。

补偿：妈妈陪你玩一个游戏再去工作，你能原谅妈妈吗？妈妈最爱你了。

如果孩子做得不对，那么家长可以在情绪平和后告诉孩子哪里不对。

第四步：对情绪进行复盘

记得可乐快两岁的时候，有一次我外出学习，并且还和别人谈了很长时间的合作，回家后非常疲惫，只想躺床上睡觉，但可乐很兴奋，她爬到我身上想要吃奶，婆婆虽然准备了奶粉，但她却不喝。

我侧起身让可乐吃奶，结果她狠狠地咬了我一口，瞬间，所有的疲惫、委屈、疼痛全部涌上心头，我一下子爆发了，把她推开，大吼着"人家孩子早就断奶了，我也应该早一点给你断，妈妈已经很累了，怎么一点也不懂得体谅妈妈，你知道你咬我咬得多疼吗？出差在外，本来已经涨得很难受了"。

说完，自己也开始哇哇大哭。

后来，我将自己的感受记录了下来，经过复盘才发现，原来所有的情绪都来自自己。

近乎两年 24 小时喂奶、哄睡，长期处于一种疲惫的状态中，情绪极度需要发泄，而那次外出学习感觉自己脱离社会太久，跟客户的沟通也不顺畅，最终弄得自己焦头烂额，憋了一肚子委屈；

可乐好几天见不到妈妈，肯定很想妈妈，看见妈妈回来自然想要跟妈妈待在一起，吃奶、咬妈妈，甚至撒泼打滚，其实所有这些都是孩子想要表达自己的兴奋之情，想要引起妈妈的关注。

通过复盘，可以准确识别自己的情绪，进而快速找到解决办法。后来，我给自己放了几天假，去海边吹了吹风、看了几场电影、吃了最爱的蛋糕……让自己回归到一种尽可能放松的状态，最终负面情绪得到排解，也为亲子沟通打好了基础。

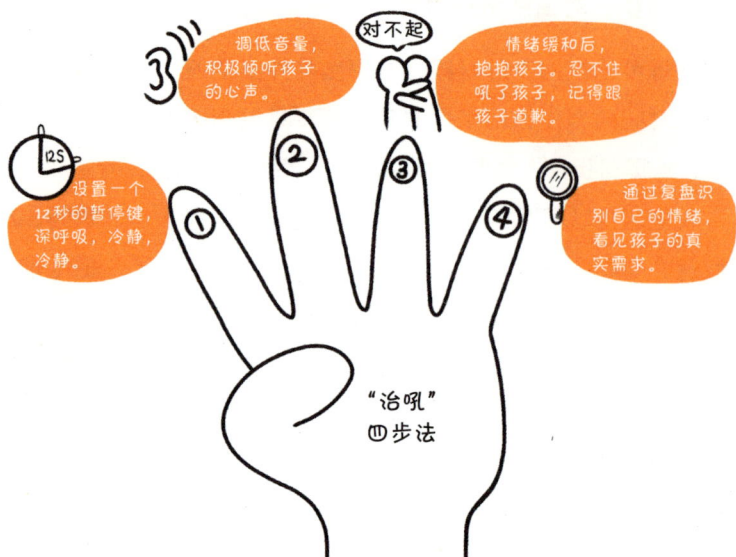

设置一个12秒的暂停键，深呼吸，冷静，冷静。

调低音量，积极倾听孩子的心声。

对不起

情绪缓和后，抱抱孩子。忍不住吼了孩子，记得跟孩子道歉。

通过复盘识别自己的情绪，看见孩子的真实需求。

"治吼"四步法

🧩 "治吼"四步法，不急不吼轻松育儿

心理学上有个**南风效应**：北风和南风比威力，看谁能把行人身上的大衣脱掉。北风吹出了刺骨的冷风，行人因为害怕寒冷，所以裹紧了大衣；而南风吹出了柔和的微风，行人觉得很温暖，便解开了大衣。

希望在养育孩子的过程中，我们能给孩子"南风"般温暖的力量。

有温度的沟通，感受有温度的爱

3.3 当孩子说"妈妈，我讨厌你"，你的第一反应很重要

"妈妈，我讨厌你！"

当你听到那个经常说"妈妈，我爱你"的孩子冲你大喊"讨厌你"时，你的第一反应是什么？

还记得第一次听到可乐说"妈妈，我讨厌你"时的情景：晚上跟她读完一本"小猪佩奇上芭蕾舞课"的绘本以后，她突然吵着要看小猪佩奇的动画片，我说"这么晚了看动画片，对眼睛不好，明天再看吧"，她不乐意，我说要不再读一本"佩奇一家去露营"的绘本，她也不乐意，后来直接来了句："哼，我讨厌妈妈！"

她一直都是一个特别暖心的孩子，时常把"我爱你""我想你"挂在嘴边，突然说讨厌我，有点猝不及防，我一下子懵了，失落、委屈、伤心……万千情绪涌上心头。可我知道她其实不是真的讨厌我，停顿了几秒，调整了一下情绪，我一把抱过她来，孩子气地说："哼，我不管，我爱你，你讨厌我我也爱你，我最爱可乐。"重复了几次后，她一下笑了，跟着我一起你一句"我爱妈妈"，我一句"我爱可乐"。

孩子凶巴巴地说"我讨厌你"；是很多妈妈经历过的场景，也曾让很多妈妈委屈或者手足无措，其实，当明白了"我讨厌你"背

后孩子的需求时，一切问题都会迎刃而解。

01 当孩子说"我讨厌你"时，她到底想要表达什么

在第二章中，我们提到要"看见"孩子，读懂孩子的真实需求，那么，当孩子说"讨厌你"的时候，你读懂她真正想要表达什么了吗？

可能在表达情绪，寻求支持

先回想一下孩子说"我讨厌你"的场景，很常见又极具代表性：当你不让他看电视、吃棒棒糖、吃冰激凌的时候，他说"妈妈，我讨厌你，我不跟你玩了"；当孩子想买新玩具，你跟他说"这一周的额度用完了"时，他说"妈妈，我讨厌你，我要换个妈妈"。

这时候，孩子其实是在用"讨厌"来表达自己委屈的小情绪，也在试图寻求妈妈的支持，但因为词汇量和表达能力有限，除了这句狠话，他也不知道该怎么表达。

可能正处于"诅咒的敏感期"

这一敏感期是儿童心理学家孙瑞雪提出的。她指出，随着儿童对语言掌握得越来越多，他们会渐渐发现语言本身是有力量的，一句话有时候会产生一种强有力的效果，会像一把剑一样刺伤别人。孩子在三岁左右会进入这个阶段。

这个阶段，孩子的表现其实非常明显，喜欢说"屎屁尿""臭妈妈"，喜欢说"妈妈，我讨厌你"，甚至还会说"妈妈，我要打死你"。在孩子眼里，这些"脏话"跟其他语言没有什么不同，但他们却会因为我们激烈的反应而产生好奇，这就是为什么我们越要制止，他们越喜欢说。

这一敏感期会自然而然地到来，也会无声无息地悄然而去。当孩子处于这个阶段时，家长最好淡然处之，或者适当转移孩子的注意力。

可能想说的是"我爱你""我怕失去你"

孩子有时候就是这么"口是心非",绘本《我讨厌妈妈》中,小兔子把孩子的想法展现得淋漓尽致。

讨厌妈妈,她总是喜欢在星期天的早上睡懒觉,可我有点饿了,我想妈妈起床给我做早餐。

讨厌妈妈,她总是说不能跟我结婚,就算我长得很大很大也不能,可我就想跟妈妈结婚,想一直跟妈妈在一起。

后来,小兔子干脆离家出走,心想:我要一个人走得远远的,可马上又折了回来,问妈妈:"又见到我,妈妈高兴吗?"

你看,小兔子讨厌妈妈,是因为妈妈不给它做早餐、不能跟它结婚,他感觉自己被妈妈忽略了,于是心生委屈,但事实上,它内心渴望跟妈妈永远在一起,永远得到妈妈的爱护。

02 这四种回应方式,你中招了吗

听到孩子说"讨厌妈妈"的话,你平时都是怎么回应的呢?有四种常见的回应方式,你中招了吗?

(1)懊恼:"我对你那么好,你居然这么对我!"

说实话,这真的是本能反应。从孩子出生开始,为孩子的成长付出了很多很多,就算偶尔训斥孩子也是为了他好,满心期待着孩子会跟自己说"妈妈,我爱你",结果却换来一句"我讨厌你",甚至是"我恨你",失落、懊恼、委屈,所有这些真的在所难免,甚至会觉得养了一只"白眼狼"。

可想想我们小时候,也曾对父母有很多的误解,很多时候也体会不到父母的付出。孩子就像曾经的我们,不会想那么多,他表达的只是当下的情绪，甚至是在说反话表达"我爱你"，懊恼式的回应会让他错乱、内疚，变得小心翼翼。

而且，我们不也希望给予孩子无条件的爱和接纳，让孩子的童年单纯一些、简单一些、温暖一些吗？

（2）反击："我也讨厌你。"

很多妈妈都用过这种方式，原本只是想让孩子能够共情地理解自己听到这句话后的不开心，却往往让孩子进一步受到伤害。

当孩子用"我讨厌你"这句话的时候，他正处在一种委屈或者愤怒的情绪中，内心期待着妈妈的理解、支持和爱，可听到妈妈也说讨厌自己，他读到的就是"妈妈的讨厌"，会真的以为妈妈不理解自己、不爱自己。

（3）自我怀疑："我做错什么了？"

我有位朋友就是这样，她家女儿有点风吹草动就来问我怎么回事，"闺女特别黏爸爸，一点不黏我，是不是我做得不够好？""闺女今天说讨厌我，还说再也不跟我玩了，我是哪里做错了吗？我可能真的不是个好妈妈"。

其实，但凡这么自我怀疑的妈妈往往都是那种非常爱孩子的妈妈，这一点毋庸置疑。其实真的无须这么紧张，就像儿童心理学大师温尼科特提到的那样，我们努力做一个"足够好的妈妈"，而不是一个完美的妈妈，放轻松，允许孩子说出自己的情绪，就算自己真的做得不够好，也要允许自己不够好。

（4）威胁："再说一次试试！"

对于这种回应，似乎妈妈说得少一些，爸爸反而说得多一些。

当你说出这句威胁式的话时，孩子会迅速洞察到这背后蕴藏的愤怒情绪。对于诅咒敏感期的孩子来说，他可能会惊叹于语言的力量，下次继续放狠话。而对于寻求关注、安慰和陪伴的孩子来说，却会让他们觉得爸爸妈妈不喜欢我闹情绪，我要乖，我要懂事，进而让孩子无形中离我们越来越远。

❤ 当孩子说"妈妈，我讨厌你"时家长5种常见的回应方式

03 如何回应孩子？你的第一反应很重要

那么，当孩子说"我讨厌你"时，作为妈妈，我们该如何更好地回应孩子呢？

（1）坚定地告诉孩子"我喜欢你"

对，这是最重要的，坚定地告诉她"反正妈妈喜欢你"。如果配上一些游戏的方式或者夸张的语气和表情，效果会更好。

当可乐因为生气说讨厌我、不跟我玩的时候，我有时会"变成"一个小宝宝，搂着她的脖子说"我是个小宝宝，我喜欢妈妈"，也会"变成"她喜欢的超级飞侠乐迪"我是乐迪，包裹快递，准时送达，哇，这个礼物太棒了，是谁的呢？是给妈妈最爱的宝贝可乐的呀"……她通常都会很快从情绪中走出来。

这个技巧在于你要选择孩子喜欢的人物，尽量用非常夸张的方式表现出来，以此转移孩子的注意力。有时候需要多试几次。

（2）帮助孩子认识和表达自己的情绪

等孩子的情绪平复之后，你再用共情的方式问孩子："刚刚你说讨厌妈妈，是因为妈妈不让你吃棒棒糖，你不开心了是吗？""刚才你说不喜欢妈妈，是不喜欢妈妈让你坐在沙发上，还是因为妈妈没有陪着你？"

在询问过程中尽量细节化，仔细倾听，把孩子的一些情绪点记在心里，这是破解孩子情绪密码的基础。在孩子表达情绪时，引导孩子将情绪出现的原因尽量具体化，比如可乐以前不开心了就喜欢哭，或者说"我讨厌妈妈，不跟妈妈玩了"，后来孩子便会直接说"妈妈，我生气了，我刚刚跟你说话你没听到""爸爸，你太调皮了""妈妈，我现在是只霸王龙，要吃掉你这个调皮鬼"。这样，孩子既准确表达出了自己的情绪，也不会因为"狠话"而引发亲子之间的矛盾。

（3）反思自己的表达方式

前面我们提到了在跟孩子沟通过程中，要记下孩子的情绪点，多反思一下自己的表达方式。比如有位妈妈喜欢说孩子"笨"，但其实不是真的嫌弃孩子"笨"，而是自认为调侃式的口头语，毕竟她家孩子学习成绩很好，但是如果孩子明确表示不喜欢妈妈说自己"笨"，那妈妈就不要这么说了。还有的孩子明确表示非常不喜欢妈妈在批评自己的时候翻旧账，那么妈妈也要尽量就事论事不翻旧账。

如何说，孩子才愿意听？如何听，孩子才愿意说？有些沟通技巧是通用的，有些技巧是只属于你和孩子的，是在你跟孩子的沟通过程中，经过不断的磨合和反思获得的。

3.4 规则教育：这样给孩子立规矩，孩子才不会抵触

《伊索寓言》中有个小故事，一个被判死刑的小偷，在临死前都在怨恨他的母亲："我小时候小偷小摸，把偷的东西带回家时，她不但不惩罚我，还笑着说别让别人看见，就是因为她，我才落到今天这样的下场。"

是啊，如果在孩子第一次小偷小摸的时候，父母便严厉地制止他，又怎会沦落到"死刑"这样的下场呢？**"勿以恶小而为之"，送给孩子，更送给父母。在孩子小的时候，请帮助他们守住底线。在纷繁复杂的社会环境中，为孩子设定好规则，帮孩子守住底线，这才是对孩子最好的保护。**

在给孩子设定规则这一问题上，很多妈妈特别纠结：想要给孩子多一点自由，却担心会惯坏孩子，一不小心养出一个"熊孩子"来；给孩子多一点规矩呢，又担心会阻碍孩子的自然成长，失去一个天真烂漫的童年。

那么，如何立规矩，才能让孩子既自觉遵守规则，又不影响孩子的自由和快乐呢？

01 真正的规则教育，是从"他律"到"自律"

规则意识，是指发自内心的、以规则为自己行动准绳的意识。规则教育是一个从"他律"到"自律"的过程，是孩子对规则从认同，到接纳，再到内化的过程。

最初，孩子并没有规则意识，而是出于对父母权威的服从，遵守父母提出的规则，比如吃饭之前要洗手，睡觉之前要刷牙，坐公交车的时候不要踩在凳子上，看电影的时候要安静。后来，这些外部规范要求慢慢变成了他们自觉遵守的行为准则，不再需要父母的提醒，独自一人的时候也会严格遵守规则。

当然，这背后隐藏着三个事实。

一是设定的规矩要明确而具体。

你跟孩子说看电视对眼睛不好，不能看太长时间，孩子可能会点点头说"好的，妈妈"，然后继续看，直到被你催着关掉电视机，哭闹着还要看。你可能觉得孩子怎么不守信用呢？其实孩子是对你说的"不能看太长时间"没有明确的概念。这时候，试试跟孩子约定"每天看5集小猪佩奇"，效果就不一样了。

《如何拥抱一只刺猬》这本书中也讲过一个类似的小故事。一位50多岁的老师被邀请去给一些调皮捣蛋的孩子上课，上课的时候，这位老师多次提醒学生要安静听讲，可那些学生依然我行我素，继续聊天讲笑话玩手机。后来，老师换了一种方式，在上课前跟学生说："上课的时候，我希望你们认真听讲，不要说话，不要玩手机，有问题可以举手示意，我会一一解答。"果然效果好了很多。

当我们期待孩子遵守规则的时候，不要想当然地认为孩子已经理解了，而要明确具体地指出来。

二是规则的设定要符合孩子的年龄特征，循序渐进。

孩子在两岁左右会进入秩序敏感期，呈螺旋状发展，一直持续到六岁。秩序是习惯养成的开端，因而对于六岁前的孩子来说，重点在于制定生活习惯方面的规则，包括作息习惯、卫生习惯、基本的安全知识、简单的社交礼仪等。

这一阶段刚好是孩子读幼儿园的时期，规则也渗透在学校的各个环节中，规律的作息时间、户外活动要排队、自己整理玩具、饭前要洗手、上学跟老师问好、放学跟家长问好……家庭和学校可以合力达到 1+1>2 的效果。

而六岁以后，孩子进入小学阶段，就要开始注重学习习惯的培养了，比如自己收拾学习用品、独立完成作业、制定学习计划、进行时间管理能力的培养等。

三是要尊重孩子的感受，让孩子参与到规则的制定中。

设定规则不等于父母直接告知孩子，而是要让孩子参与其中，这样做既避免了亲子之间的"权力之争"，同时它也是规则内化的关键步骤。

儿童教育学家尹建莉老师曾经写道：一个没有机会进行自我掌控的孩子，不可能学会自我控制。自由的孩子才有可能更自律。"他律"变成"自律"的背后，是权力的转移，这一过程让孩子从"臣民"变成了"主人"，唤起了孩子的自尊感和责任感，也唤醒了孩子的自律意识。

而且对规则的遵守，需要孩子付出一定的努力去克服自身的惰性，孩子亲自参与制定的规则建立在孩子自身喜好和感受基础之上，所以他更容易也更乐于坚持。

当自律成为一种习惯、一种本能、一种日常的生活状态时，人

有温度的沟通，感受有温度的爱

生就会充满着无限的可能。

02 给孩子立规矩，做好这三点，效果会更好

（1）行动比语言更有效

有一年过年回娘家，闺蜜一家来家里玩儿，走的时候，她家儿子不小心把一个奥特曼小玩具带回家了，等她发现的时候已经到家了。她给我打电话说了这件事，其实那个奥特曼是外甥俊俊以前放在家里的，他自己也不玩儿，我说就当是送给孩子了，可闺蜜坚决表示第二天会开车送回来。

第二天一早，闺蜜就带着儿子把奥特曼送了回来，她说不管孩子是不是有意的，都要让他记住，没有得到人家的允许，不能随便拿别人的东西。

孩子小的时候，往往很难控制自己的情绪、行为，甚至是好奇心，这时候需要父母耐心地一点点教给他规则，而行动往往比语言更有说服力。

（2）家人要保持一致性

这一点，我真的体会特别深，因为我们家就有个"猪队友"。我老公是个妥妥的"女儿奴"，对女儿非常宠，而且越来越有"无底线"的趋势。比如我们跟可乐约定好了一周最多买一件玩具，但只要听到可乐说"爸爸，我想要个超级英雄卡车""爸爸，我想要这个魔法棒"，他就会无视约定，第二天下班直接给可乐带回她想要的玩具。久而久之，那个约定就形同虚设了。

夫妻在育儿理念上有分歧的时候，最忌当着孩子的面吵架，建

议私下里商量解决。夫妻双方在理念上有分歧是正常的，只要不是原则上的大事，不需要当着孩子的面分出一二，可以过后私下探讨解决方案；如果是原则上的大事，维护好原则的同时，要记得跟孩子解释原因。

如果三代人住在一起，那么分歧可能会更多。要不要喂饭，要不要看手机，要不要吃零食……家庭成员随时都可能会有意见不一致的时候，此时，大家更要多开家庭会议，多沟通，尽可能保持一致性。

（3）灵活处理，给孩子"不守规矩"的机会

孩子喜欢上学，可有时候就是不想去。

孩子喜欢睡前洗澡，可有时候就是不想洗。

孩子每天有固定的作息，每天九点睡觉，可有时候就是不想睡。

成年人都有不想上班的时候，更何况是孩子呢？他们也有不想上学、不想洗澡、不想读绘本、不想按时睡觉的时候，偶尔为之有什么关系呢？虽说我们一起约定好了规则，需要认真执行，可你面对的是一个有自己思想、有自己节奏的孩子，根据孩子的需求和意愿，可以偶尔有"不守规矩"的时候。

案例

重庆公交车坠江事件中，一名漠视规则的女乘客在发现自己错过下车地点后要求司机停车，在遭到司机拒绝后情绪失控，开始对司机进行打骂。而此时，同样情绪失控的公交车司机跟乘客发生了肢体冲突，几个回合下来，车子失控撞向对面的护栏，坠入江中。

《人民日报》对此发布相关文章后，一位网友的留言点赞超过

10万，他说：其实那个刘某不是垃圾人，就是平时我们生活中的普通人，但却是那部分没有规则意识的人。这一部分人做事总是想着占便宜或投机取巧：插队、坐公交地铁逃票、对发生事故车辆遗撒货品进行哄抢、吃自助餐偷拿蒙骗。这些虽然都不是什么伤天害理的大罪过，但是由于平时缺少对这类人的处罚，进而导致了他们对规则的不重视。

生活中，也的确存在着很多无视规则的现象，可是即便如此，作为父母，我们也要在生命的最初，将一颗规则的种子"种进"孩子的心里，让他们成为一个牢记规则、遵守规则的人。

有时候，对规则的敬畏，是对生命的负责。

3.5 允许孩子哭，比哄孩子笑更重要

生活中，我们常常会遇到类似的场景：

"宝贝不哭，来，抱一抱。"

"别哭了，这么大了怎么还哭？"

"不哭不哭，想要什么，爸爸都买给你。"

"哭哭哭，就知道哭，再哭就不要你了！"

无论是安慰，还是无条件满足需求，抑或是训斥、威胁，面对那个哭泣的孩子，很多家长会本能地去劝孩子"别哭"。

家长为什么习惯劝孩子不哭呢？有个网友留言说"在家嫌烦，在外没面子"，似乎说出了很多父母的心声。而德国教育专家麦克认为，**我们不喜欢看到孩子难过哭泣，不仅是因为哭泣让我们觉得麻烦，而且也让我们怀疑自己的价值。**

的确，孩子一哭，家长很容易慌乱。有人认为孩子爱哭是一种懦弱的表现，尤其是男孩子，大家总觉得男孩爱哭没出息；有的家长小时候爱哭总是被父母打骂，打心底觉得哭是一件特别令人糟心的事情，而孩子哭的时候又会无意间唤醒那些糟糕的记忆；有的家长则会产生"自责"心理，认为孩子总是哭，那就证明自己不会养孩子，自己教养方式不对，自己不是合格的父母；有的家长看不得孩子哭，一听孩

有温度的沟通，感受有温度的爱

子哭，就觉得孩子受了天大的委屈，甚至担心孩子哭坏了身体……于是在种种"慌乱"下，大家哄着骗着训着，想方设法不让孩子哭，变着法儿地逗孩子笑，似乎只要孩子不哭，就天下太平、万事大吉了。

可是，不允许孩子哭，真的好吗？

01 关于孩子哭的"真相"，你了解多少

孩子的脸，六月的天。孩子的情绪非常多变，前一秒还在哈哈大笑，后一秒就哇哇大哭，常常搞得家长莫名其妙。于是，很多孩子被贴上了"敏感""爱哭""软弱""高需求宝宝"的标签。那么，孩子到底为什么那么爱哭呢？

（1）哭，是一种正常的情绪表达方式。

《认知觉醒》一书中提到，人的大脑从里到外分为三层：最里面一层是本能脑，源于爬行动物时代，指挥人类面对外部环境做出本能反应；中间一层是情绪脑，源于哺乳动物时代，负责人类各种情绪的产生；最外面一层是理智脑，是人类独有的。

三重大脑的发育成熟时间各不相同，本能脑在婴儿时期就比较完善了，情绪脑要到青春期早期才趋于完善，而理智脑则要等到成年早期才基本发育成熟。这三种脑的完善时间大致可以简单界定为2岁、12岁、22岁。

因而，儿童的表现更多源于本能和情绪，情绪的表达方式也更直接。哭，跟"笑"一样，它是孩子表达情绪的一种方式，是一件再平常不过的事情，而且它本身没有好坏之分。

（2）哭，是一种"自愈"的方式。

美国发展心理学专家阿尔黛·索尔特博士认为，哭泣是机体在

进行重新构建时所做的努力，它是进行自愈的一个程序。

　　不知道你有没有过这种体验，当你压力大或者遭遇挫折、委屈的时候，大哭一场会舒服很多，眼泪可以帮我们释放一些难过、悲伤的情绪，有助于我们更好地自我疗愈。这样的体验其实同样适用于孩子。哭，或许无法修复孩子被捧坏的玩具，或许无法帮助他解决眼前的问题，却可以帮助孩子梳理和释放当下悲伤、紧张、难过的情绪，以便去更好地解决问题。

　　我观察过可乐好多次，当她不开心哭鼻子的时候，如果迅速通过转移注意力等方式把她哄好，那么可能当下不哭了，但事情并没有得到解决，情绪也没有"消化"掉，她过会儿还会再提刚才的事情，还会找其他事情把情绪发泄出来。

（3）哭，可能是孩子在"求助"。

　　当孩子害怕了，受委屈了，被欺负了，伤心了，被冷落了……他们便可能通过哭来向大人"求助"。

　　表姐悠悠比可乐大半岁，也是个孩子，加上还处于比较"自我"的阶段，总是"欺负"可乐。每次我带可乐回娘家小住，悠悠就会表现得像个高高在上的小主人，给可乐定好玩耍的规矩，不允许可乐动这动那，每当这时，可乐都会变得格外爱哭。

　　刚开始我觉得两姐妹磨合一下就好了，姥姥姥爷还说"可乐真爱哭"，但后来才发现原来是小表姐太"霸道"了，可乐其实是想通过哭来向大人"求助"。在我们的干预下，两姐妹才开始好好玩耍了。

（4）那个不哭的孩子，其实心里更苦。

　　每个孩子都是哭着来到这个世界的，在最初的成长岁月，哭也时常伴随着他们。饿了会哭，渴了会哭，尿了会哭，积木搭建不好会哭，自己不会用勺子吃饭会哭，甚至看到喜欢的乔治哭了也会哭……通过学习，我们渐渐知道了孩子为什么会哭，可是更多时候我们还是无法确定孩子哭的原因，我们也不可能知道孩子哭泣背后的所有原因。

我们不知道原因，不代表孩子的哭泣是没有原因的，孩子所有的哭泣都是有原因的。我们一味地制止孩子哭，只会让孩子原本应该释放出的情绪硬被压在心里。

那个懂事乖巧随时保持微笑的孩子，可能心里很苦。心理学上有个专业名词叫"讨好型人格"。当"不哭"变成了长期的自我压抑，孩子便很容易失去自我，更多时候他会因为优先考虑他人的感受而一味地隐藏自己的真实感受和真实需求，最终变成"讨好型人格"。

作家蒋方舟自曝是讨好型人格，自幼习惯了一味地去迎合和讨好别人，甚至在亲密关系中都不敢跟对方大吵，完全丢失了自己，她说"任性是一种被低估的美德"。如果说任性是一种被低估的美德，那么，"哭"也是一种被低估的情绪。

02 把哭泣的权力还给孩子，告诉他"想哭就哭"

一个文友分享过她家儿子的一个小故事。有一天早晨，儿子养的仓鼠点点不知什么原因死了，孩子发现之后号啕大哭，见此情景，全家人轮番上阵，摆事实讲道理，可不管大家怎么说，他一概不听，就是哭得声嘶力竭。后来，这位文友看儿子满头是汗，喉咙沙哑，觉得有些心疼，便上前抱住了他。这一抱，儿子的哭声小了，哭了一会儿后主动提出，给仓鼠找块墓地，此时，他已完全接受心爱小宠物死去的事实。

事后，当他们再次聊起仓鼠的事情时，六岁的儿子突然冒出一句："妈妈，虽然你平时总爱讲大道理，可是点点死的时候，我那么伤心，只有你给了我抱抱，我真爱你。"你看，孩子哭的时候，需要的只是一个拥抱，一份接纳。只有情绪被接纳了，才能更好地"自愈"。

眼泪，也是加强亲子联结的好机会。当孩子哭的时候，无须感到尴尬，不要留他一个人在那儿哭，更不要为了面子去训斥孩子，甚至威胁孩子"你再哭就不要你了""你再哭就让警察叔叔把你抓走"。如果是在公共场合，怕影响到别人，那么可以抱他去一个相对安静的角落，让他把情绪发泄出来。

孩子的先天气质各不相同，对于敏感型的孩子，家长更要特别注意分寸。

我算是一个内心比较敏感的人，会更容易察觉别人的表情、语气，常常会因为别人的一句话、一个表情、一个举动而开心、沮丧或者纠结，情绪波动很大。可乐在四岁的时候，也开始显现出这样的特点，吃饭的时候不小心把米饭洒到地上，我说了一句"你把米饭洒在地上了，可以把碗往里放一放"，我自认为语气平和，只是想让她把碗往里放一放，完全没有批评的意思，但她却开始委屈得掉眼泪；还有她在看动画片时，每当看到特别有意思的地方就喊我一起看，如果我看得不及时，她也会生气大哭。

很多次，尽管她哭得很委屈，但家里人却一脸懵。不过因为有个同样敏感的妈妈，所以她的这些小情绪，我大都能够感同身受，因而也给了她更多的包容和接纳。

敏感不是缺点，而是一种性格特点。敏感的人具有更强的感知力，能察觉细微的"刺激"，因此也具有更高的共情力和创造力。对于敏感的宝宝，父母需要给予更多的接纳、理解和关爱，同时帮他挖掘出隐藏在"敏感"背后的潜能。

3.6 你可能误会了延迟满足的真正意义

很长一段时间，育儿界都在流传"延迟满足"的说法，它被很多家长奉为育儿法宝。

孩子想要一条漂亮裙子，你说"等过生日的时候再买吧"。

孩子想要一个酷酷的玩具，你说"考试考前三名就奖励你"。

我们试图通过让孩子等一等的方式，帮助孩子学会自控，学会等待，激励孩子努力，并一次次打着"延迟满足实验"的旗号。

殊不知，我们一直误读了心理学家沃尔特·米歇尔的"延迟满足"实验。父母刻意为之的"延迟满足"非但不能培养孩子的自控能力，反而会将孩子推入毫无安全感的绝望中和"不配得到"的自卑中。

01 被过度解读的"棉花糖实验"

棉花糖实验是斯坦福大学教授沃尔特·米歇尔在 20 世纪 60 年代针对必应幼儿园的学生做的一个著名实验。

实验前，研究人员让孩子们从不同种类的食品中选出喜爱的食品，包括棉花糖、薄荷糖、曲奇饼干、小脆饼等（下文统称为棉花糖）。孩子们面临两种选择，一种是立刻吃到棉花糖，一种是等待一段时间，大概 15~20 分钟，之后可以得到两个棉花糖。

有的孩子禁不住诱惑，快速吃掉了盘子里的棉花糖，而有的孩子则通过捂眼睛、转圈圈、唱歌等方式转移自己的注意力，不过他们中大部分也只坚持了几分钟，只有少部分人坚持到了最后，拿到了双倍的棉花糖。

在《棉花糖实验：自控力养成圣经》这本书中，沃尔特·米歇尔教授透露，这个实验的初衷并不是为了预测孩子们在未来的行为，却在多年后无意中发现了这其中的关联，进而开始了系统跟踪。

1982 年，他们进行了第一次跟踪研究，发现那些在棉花糖实验中坚持更长时间的孩子，进入青少年时期后，在面对困境时会展现出更强的自控力，也更容易集中精力，更聪明、独立、自信，规划能力也更强。

在后续的调查中，他们发现这部分孩子在美国高考中成绩更优秀，拥有更高的教育水平，同时还拥有更好的社交能力。而进入中年以后，这部分人依然保持着较高的自控力水平，事业和生活方面相对比较成功。

基于这个实验结论，人们得出了一点：孩子如果在四五岁的时候自控力强，具备一定的延迟满足能力，那么在他们长大后也更容易成功。

也因此，延迟满足的育儿法开始风靡，很多家长将其奉为金科玉律，开始刻意"延迟满足"孩子的各种需求，以此来提升孩子的自控力，却忽略了这个实验的一些前提。

02 "延迟满足"开始被质疑，到底是哪里出了错

近些年，关于棉花糖实验和"延迟满足"，开始出现不同的声音，

有温度的沟通，感受有温度的爱

人们开始质疑延迟满足的适用性。

儿童教育学家尹建莉老师指出，"延迟满足"的理论基础是人性是恶的，在这一前提下，如果对孩子及时回应、即时满足，把自由选择的权利交给孩子，他就会得寸进尺、无法无天、腐坏堕落，所以要剥夺孩子的选择权，剥夺满足感，故意给孩子制造痛苦，令其适应痛苦，体验服从。这是一套以暴制暴、以恶对恶、负负得正的理论。

其实我们重新去看这个实验，可以看到，我们的确在无形中忽视了一些重要的细节。

一是所有的选择都是孩子自主决定的，而非父母决定的。

实验开始时，小朋友选择喜欢的食物，不管是棉花糖还是曲奇饼干，都是孩子根据自己的喜好决定的。

实验过程中，孩子们面临两种选择，是选择即时满足吃掉一颗棉花糖，还是延迟满足等待两颗棉花糖，对此也都是孩子自主决定的。

而家长在展开刻意训练时，往往会将这种自主选择变成单方面的命令。

二是孩子的延迟满足能力是在即时满足基础上发展的。

孩子在三岁左右便开始学着控制自己的意识和行为，但因为前额叶皮层没有发育完善，这种自控能力会很有限，直到六岁左右前额叶皮层才会慢慢趋于完善，而完全发育成熟则要到成年以后。

棉花糖实验的孩子多集中在四五岁，具备了一定的自控能力，这是实验的前提。而这种"延迟满足"是建立在孩子此前无条件即时满足的基础之上的。

这一点也在沃尔特·米歇尔教授和其学生安妮塔·塞西的实验中

得到了证实。在这个实验中，他们将"棉花糖实验"和"陌生情境实验"（这个实验在第二章中详细论述过）结合在一起，结果发现，那些跟妈妈建立起安全依恋关系、面对陌生环境和分离焦虑更加从容的孩子，在长到四五岁的时候，更能够在棉花糖实验中等待获得第二颗棉花糖。

03 真正的"延迟满足"，从"即时满足"开始

真正具备延迟满足能力的人，能够为了更为长远的目标放弃即时满足，在坚持、努力、等待中最终实现目标。而这种能力，是建立在生命早期"即时满足"的基础上的。

（1）三岁前，要即时满足孩子

有一天晚上，已经讲完故事唱完晚安歌，准备睡觉了，可乐突然提出要吃牛奶泡钙奶饼干，我觉得那么晚了就不要再吃东西了，而且已经刷牙了，就跟她说明天早上再吃，她不同意，我俩因为这件事软磨硬泡了有十几分钟，她还是坚持要吃，一直不睡觉。爸爸进卧室听到我俩的对话后，直接说了句"我去给你弄"，端过来，可乐吃了两口就说不吃了，然后躺下几秒钟便睡着了。

这件事让我哭笑不得，我开始反省，孩子偶尔一次睡前吃东西有什么大不了的，已经刷牙了又怎样？自己虽然不同意过早训练孩子的延迟满足能力，却也因为经验或者习惯使然，在无形中延迟满足孩子的要求。其实，在孩子三岁前，父母需要刻意练习的是"即时满足孩子"。

及时满足孩子的需求，让他享受当下拥有的乐趣，给他足够的安全感和"确定感"，孩子想要在下雨天跳泥坑，那就陪他一起跳，孩子想要在下雪天堆一个可爱的雪人，那就陪他一起堆雪人。倘若

因为某种原因无法及时满足孩子，那就跟孩子解释清楚，是太贵了还是时间不允许，而不是训斥孩子"不应该提出这种要求"。

被即时满足过的孩子，才更容易学会等待。三岁以前即时满足孩子，给孩子一种"确定感"和"配得感"，让他们感觉自己配得上这世间的所有，因而不管想要什么，有什么样的梦想，都可以去追寻。

（2）3~6岁，注重培养孩子的"自主选择权"

钱钟书先生在《围城》中有过这样一段描述："一串葡萄到手，一种人挑最好的先吃，另一种人把最好的留在最后吃。照例第一种人应该乐观，因为他每吃一颗都是吃剩的葡萄里最好的，第二种人应该悲观，因为他每吃一颗都是吃剩的葡萄里最坏的。不过事实上适得其反，缘故是第二种人还有希望，第一种人只有回忆。"

一串葡萄，先吃最好的，吃到的每一颗都是最好的，却也因越吃越坏，只剩回忆。而先吃最坏的，吃到的每一颗都是最坏的，却也把希望留在了后面。

"吃葡萄"背后其实也是一种选择，你是选择即时满足还是延迟满足。人到中年，我们已经领会到了"延迟满足"对人生的重要性，可孩子还无法体会到。孩子进入三岁后，已经开始有了一定的自控意识，可以有意识地让他自己说了算，从吃糖，到买新玩具、去博物馆还是动物园开始，给他自主选择的权力，也慢慢提升他的选择力，从"学会等待"到"选择为什么而等待"。

真正能够助力人生成长的延迟满足能力，是建立在自主选择的基础上的。

（3）六岁以后，"延迟"建立在接纳和尊重的基础上

六岁的孩子具备了一定的自控力，进入小学，开始了自己的求学生涯，也算是正式开始了自己的人生。我们家长对他们的要求自然也提高了，孩子需要学会延迟满足欲望，学会自律，学会为了自己的梦想坚持。

精湛的棋艺、美妙的琴声、悠扬的歌声、漂亮的书法，这些优秀的成绩从来不是立竿见影的，这背后离不开日复一日的练习，离不开一次次濒临放弃时的坚持，更离不开父母的"推一把"。

"推一把"，不是建立在父母的一厢情愿和控制上，而要建立在对孩子尊重的基础上。

工具3 家庭情绪晴雨表

在家里设置一个这样的"情绪晴雨表"，分为家长版和儿童版。一方面有助于家长更好地控制情绪，另一方面也可以很好地去了解孩子的情绪状态以及日常生活状态。

家长版：可以用晴天、多云、小雨、大雨来表示。

晴天，表示这一天家里人都比较开心。

多云，表示这一天中，家里发生过小的不愉快，但没有争吵。

小雨，表示家里发生过小的争吵。

大雨，则表示家里出现了很大的摩擦或者矛盾。

有温度的沟通，感受有温度的爱

星期	情绪状态	生活记录／原因	调节改进
星期一	☀️⛅☁️🌧️⛈️		
星期二	☀️⛅☁️🌧️⛈️		
星期三	☀️⛅☁️🌧️⛈️		
星期四	☀️⛅☁️🌧️⛈️		
星期五	☀️⛅☁️🌧️		
星期六			
星期日			
总结			

儿童版：跟孩子一起约定形式。比如以不同颜色或表情图等来表示自己每天的情绪状态。

星期	情绪状态	生活记录／原因	调节改进
星期一	😀 😔 😣 😡		
星期二	😀 😔 😣 😡		
星期三	😀 😔 😣 😡		
星期四	😀 😔 😣 😡		
星期五			
星期六			
星期日			
总结			

共情：让你们的关系更亲密

第 4 章

鼓励：培养阳光乐观的孩子

可乐的
成功日记

4.1 "孩子很聪明，就是不努力"是一句毒鸡汤

有次去参加家里亲戚的婚宴，遇到一件有趣的事情。餐桌上有两个堂兄弟，同一年级不同班，亲戚们问他俩考得怎么样，那个成绩较好的男孩比较谦虚，反而是成绩稍差的男孩，一脸不在乎地说："我要是跟哥哥似的这么努力，肯定考得比他好，就连老师都说了，我只是不努力，但很聪明。"语气里还带着一点点傲娇和不屑。

"孩子很聪明，就是不努力"，这是我们从小到大听过较多的一句评价。或许在老师和家长心里，这句话能够激励孩子不要放弃，去更好地努力，可在孩子心里，这句话可能会变成一句"毒鸡汤"，给了孩子一个"不努力却依然洋洋自得、失败了依然不懂得进取"的理由。

01 聪明，为何会成为孩子的一剂"麻醉药"

斯坦福大学著名心理学家卡罗尔·德韦克曾经在长达十年的时间里反复研究一个课题：表扬对孩子的影响。他们的研究团队在纽约20多所学校进行了实验，测试分四轮，要求孩子们独立完成一系

列智力拼图游戏。

在第一轮中，题目设置非常简单，孩子们完成拼图任务后，研究人员会将其分成两组，告诉其中一组孩子"你在拼图方面很有天分，你很聪明"，而告诉另外一组孩子"你刚才非常努力，表现得很出色"。

在第二轮中，题目难度不一，孩子们可以自由选择。结果发现，被夸聪明的孩子大多选择了跟上一轮一样较为简单的题目；而被夸努力的孩子则大多选择了难度大于第一轮的题目。

在第三轮中，他们刻意给孩子们制造了些困难，设置了一些较难的题目。被夸聪明的孩子全程一直很紧张，表现得很沮丧；而那些被夸努力的孩子则一直保持着努力的状态，去思考各种解决难题的方法。

在第四轮中，设置题目难度等同于第一轮，结果却令人吃惊。那些被夸努力的孩子，获得分数高于第一轮30%；而那些被夸聪明的孩子，成绩却低于第一轮20%。

德韦克通过两种不同的思维方式解释了这种现象。

表扬孩子努力，会给孩子一种可控感，让孩子形成**"成长型思维"**，认为能力是可以培养的，成功掌握在自己手中，于是更容易去接受挫折和战胜挫折。而那些被表扬聪明的孩子，往往意识不到努力的重要性，形成**"固定型思维"**，认为人的能力与生俱来，他们会为了保持自己的聪明而不敢冒险，一旦面对未知的风险，往往会束手无策，抗挫折能力差。

表扬孩子聪明还是努力，会赋予孩子两种不同的心态和思维方式，从而影响孩子对未来的认知和选择。

很多孩子在听到"你很聪明，就是不努力"这句话后，理解不了我们大人的期盼，他们通常不会按照我们的思路把关注点放在"努力"上，而是会沉浸在"聪明"中，更难去拼尽全力。

他们会觉得自己是个"天赋型"孩子，不需要拼尽全力就可以取得一个不错的成绩。我看过一个知乎网友分享的故事，他从小到大就是老师和家长口中"学习不用心，但认真起来学习成绩肯定好"的孩子，成绩总会名列前茅，但不会拔尖，即便这样，他还是会去嘲笑那些努力拔尖的同学，因为在他心里会觉得自己只是还没有尽力，只要尽力了，一定会把别人甩得远远的。

事实上，他从来都不会去尽全力。高三那年，班主任对他说得最多的就是"你现在再不认真学习，真的可惜了你聪明的脑袋瓜"，原本是一句鼓励的话，甚至是刺激他努力的话，却一度让他沉浸在"聪明"中，反而特立独行去表现自己的聪明。最后，高考成绩很不理想。

而且，他们也会觉得努力比聪明"低人一等"，为了维持自己的"聪明"，不愿意去努力，担心努力之后如果还是取得不了好的成绩，那么反而会丢掉"聪明"这个美誉。

02 努力，是一种被低估的力量

努力，是指用尽力气去做事，包括为了完成某件事而付出的所有时间和精力等，比如设定目标后的自律和坚持，遇到困难后的不放弃。当我们向孩子传递"努力"的价值时，我们传递的是一种"希望"，一种"成长型思维模式"，努力从来不比天赋低一等，反而是一种被低估的力量。努力能让孩子们相信靠自己可以变得更好，能够激发出他们无限的潜能，进而不惧挑战，将命运掌握在自己手中。

在我看了泰国的短片《每天努力一点点》后，我更加意识到夸奖孩子努力的重要性。在这个短片中，小男孩并没有什么踢足球的天赋，在练习头球的时候，根本碰不到球，教练也说孩子的基础有点差，头球技术为零，但是这个男孩决心很大。男孩回到家后有些沮丧，妈妈则对男孩说："教练说你很努力，在这之前完全不会用头去顶球，现在时不时地可以做到了，再努力一点点，碰到球就可以了。"男孩的眼睛里渐渐有了光，主动在家里练习头球。在一场关键比赛中，在最后一分钟的时间里，男孩竟然靠自己没有天分的头球技术，帮助球队扳平了比分。

在孩子取得成绩的时候，夸奖孩子努力，会让他更加自信，相信自己能够靠努力取得更好的成绩。而当孩子挫败沮丧的时候，"努力"会给孩子尝试的勇气和坚持的希望，鼓励他不放弃，创造无限可能。

稻盛和夫曾说，将努力变为"持续的力量"，就能让你这个"平凡的人"变为"非凡的人"，你就会具有强大的力量。这种"持续的力量"才是真正的"能力"。持续保持努力的姿态，听起来似乎很平常，却从来不是一件简单的事情。

03 赏识孩子的聪明，引导孩子更好地努力

虽然我们一直在强调鼓励孩子努力、淡化聪明，但并不代表完全不夸孩子聪明。孩子聪明是一件好事，也需要我们赏识，只是不要过度强调这种天赋。

对于年龄较小的孩子，可以在夸孩子"你真棒""你真聪明"的时候加上具体的值得夸赞的行为。可乐很喜欢老师夸她，回来还会炫耀"老师今天夸了我 10 次"，也会说"我很棒"，这时候，我会引导她"姜老师今天跟妈妈说了，你中午把米饭全吃了，汤也都喝了，表现得很棒""你这次画的小火车颜色搭配很好看，看起来很酷，棒棒哒""《千字文》这么多字你都记住了，你真聪明，记得又快又准"，她第二天回来会跟我说"妈妈，我今天还把胡

萝卜都吃了，我棒不棒？""妈妈，我今天画得小熊也很好看""妈妈，我们今天学了新的《千字文》，我背给你听"。

对于年龄较大的孩子来说，他们已经理解了聪明和努力的概念，家长不要说"孩子很聪明，就是不努力""孩子很聪明，就是有点懒""孩子很聪明，就是有点马虎"，将两个概念放在对立面上，而要告诉他"努力很重要""勤奋很重要""仔细认真很重要"。

有位妈妈曾经问："如果我的孩子没有努力，就是靠着聪明劲儿取得了不错的成绩，那我还要夸他努力吗？"其实，我们所说的努力不仅仅是刻苦的意思，也包括很多品质，比如态度积极、专注力强、很细心、有礼貌、时间管理能力强等。父母对孩子的了解比较全面，知道孩子的优缺点，可以在赏识孩子的同时，不动声色地引导孩子在"不足"上努力。当看到孩子不怎么努力就考得不错时，可以夸他"这部分内容你掌握得很好，而且细心了很多，进步很大"。

每个孩子的特点不一样，所需要的夸奖方法也不同。"赏识"教育中，"识"需要通过家长长期的观察、陪伴，来识别孩子所需的鼓励方法，从而更好地"赏"。两个孩子同时学画画，一个因为妈妈夸自己是个"小画家"而越来越喜欢画画，画得也越来越好，但另外一个却在妈妈的夸奖下越来越骄傲。我们鼓励孩子，需要"看见"孩子的不同需求，以不同的方式持续给予孩子成就感，帮助他建立起"成长型思维"。

4.2 培养孩子的自信，试试这十种鼓励方式

以前听过俞敏洪老师的演讲，他多次提到自己在大学的时候有些自卑，因为害怕失败，怕丢了面子，没有参加过一次学生会或班级干部的竞选，没有谈过一次恋爱，导致这两方面一片空白，调侃自己"在北大，除了读书以外，一无是处"。

自卑的人，会害怕失败，害怕别人的眼光，会觉得周围的人全都抱着讽刺打击的眼光在看自己，什么都不敢做，从而失去很多本该属于自己的机会。

直到后来，俞敏洪老师从北大辞职创建新东方，他去北大贴广告时遇到自己的学生，他的学生非但没有用异样的眼光看他，反而主动提出帮他贴广告，他才慢慢意识到克服自己内心的恐惧和自卑、认可自己、树立自信心有多么重要。

自信心，在心理学上对应的是心理学家班杜拉提出的"**自我效能感**"，即人们对自身能否利用所拥有的技能去完成某项工作的自信程度。影响自我效能感的因素有个人的成败经验、他人比如榜样的替代经验、言语劝说和情感唤起。自信，是对自己是否有能力做某件事情的感性评估，简单地说就是一种"我能行""我可以"的感觉，它是一种自我评价的积极态度。言语劝说，比如鼓励，在一

有温度的沟通，感受有温度的爱

定程度上有助于"我可以"信念的激发。

就像前面第二章中我们提到的,父母对于孩子来说,最重要的意义不是提供舒适的生活,而是给孩子足够的安全和温暖,给孩子克服困难的勇气和底气。而最初将那颗自信的种子种进孩子心里的最佳人选,就是父母。

因而父母在养育孩子的过程中,需要有意识地鼓励孩子,帮助孩子逐渐树立自信心,让孩子成为一个自信的人,进而去抓住更多的人生机会。

01 孩子需要鼓励,就像植物需要水

心理学家埃里克森将人的一生分为八个阶段,在 12 岁以前会经历四个阶段,每一个阶段都需要父母的肯定和鼓励。

阶段	年龄	冲突
婴儿期	0~1.5 岁	基本信任对不信任
儿童早期	1.5~3 岁	自主对害羞和怀疑
学前期	3~6 岁	主动感对内疚感
学龄期	6~12 岁	勤奋对自卑

根据埃里克森的观点,在两岁以前,婴儿需要的是父母无条件的接纳和即时满足,以此建立起对世界最初的信任感,这一阶段主要是向内的,从两岁开始,他们开始向外探索世界。

其实从孩子学会爬开始,他们就开始想要自主探索,想要自己拿玩具,想要自己吃饭,想要自己大小便,在两岁左右还会进入人生中的第一个叛逆期,这种自主探索的行为愈演愈烈。如果父母为

了保护孩子的安全，过分地限制孩子的自主行为，很容易引发他的自我怀疑，进而让孩子变得做事畏首畏尾。

孩子三岁以后，这种独立做事的需求会进一步增强。可乐在这个阶段最常说的就是"妈妈，我自己来""妈妈，我自己可以"，还喜欢帮着收拾碗筷、拖地，甚至在叠好自己的被子后再帮我叠被子。

因为能力有限，孩子难免有做不好、做不到的情况，很容易陷入一种内疚感，这时候需要鼓励，也需要我们适度引导，必要时教给孩子一些解决问题的方法，以此来支持这种自主性。有次我跟可乐在床上玩蹦蹦跳跳的游戏，她不小心把空调遥控器摔到了地上，电池跑到床底下去了。她说"妈妈，我不是故意的""妈妈，对不起"，我其实什么也没说，也真的觉得这没什么，跟她说"没关系"，可她还是不开心，直到她自己从床底下找到电池，并安装上电池才作罢。

6~12岁是小学阶段，孩子面临的挑战开始增多，不仅需要掌握大量的课程知识，还需要处理好跟老师、同学的关系。如果能够顺利完成课程，取得不错的成绩，并处理好人际关系，那么孩子便能体会到成功的喜悦，获得成就感；反之则会自卑，充满挫败感。

这一阶段，辅导孩子写作业这件事非常考验亲子关系，很多家长看着孩子写作业磨磨蹭蹭一拖再拖，或者在试卷上写下五花八门的答案，忍不住冲孩子发火。其实你觉得简单的问题，对孩子来说未必简单，你觉得不可思议的答案，背后可能藏着孩子自己的逻辑。

正如心理学家鲁道夫·德雷克斯所说的那样，孩子需要鼓励，就像植物需要水。鼓励对孩子性格的健康发展至关重要。

3. 她多么盼望有医生来给她治病啊！
   我多么想我的 yá岁 qiáng！

4. 小白兔连忙挎起篮子往家跑。

xiǎo kē dǒu zhǎo dào mā ma zhī hòu yí dìng fēi cháng

小蝌蚪找到妈妈之后一定非常

gāo xìng nǐ jué de xiǎo kē dǒu huì duì mā ma shuō xiē shén

高兴，你觉得小蝌蚪会对妈妈说些什

me ne   shì zhe xiě yi xiě ba

么呢？试着写一写吧。

妈妈，妈妈

我们小的时hòu你去哪

了?

♥ 孩子作业中五花八门的答案

02 别用错了鼓励的方式

生活中，很多父母也意识到了鼓励孩子的重要性，从孩子出生起就有意识地去鼓励孩子，孩子会爬了，会叫妈妈了，会数"1234"了，都会微笑着说一句"宝贝，你太棒啦""宝贝真聪明"；孩子要考试了，跟孩子承诺"考好了带你去看大海""考进前三名，给你买最喜欢的滑冰鞋"……

殊不知，我们常常用错了鼓励的方式。以下是三种常见的错误鼓励方式。

（1）打压式鼓励

举个简单的例子，很多父母喜欢用"别人家孩子"来鼓励自己的孩子。孩子考不好的时候，听到的是"你看人家XXX，每次都能考第一，多向人家学习"，孩子考得还不错的时候，听到的是"别太骄傲，多跟人家XXX学习，下次争取考个前三名"。

父母初衷是想通过"打击""贬低"来达到鼓励孩子的目的，但事实并非如此，小孩子分不清真话还是玩笑，也分不清是冷嘲热讽还是变相的鼓励，他们会认为父母真的是在嫌弃自己，进而变得自卑和痛苦。

良言一句三冬暖，恶语伤人六月寒。打压式鼓励是一种"语言暴力"，会给孩子烙上一道无形的伤痕，即使你的出发点带着爱和善意，但依然"字字见血、句句伤心"，对孩子造成了不可磨灭的伤害。

（2）夸奖式鼓励

为什么夸奖也会成为错误的鼓励方式呢？在前一节中，我们做了详细论述，正面管教创始人简·尼尔森也提到过两者之间的区别：鼓励关注的是事，而赞扬关注的是人。很多孩子在被赞扬的时候可能会形成一种信念，就是只有在成功完成一件事情时才是"好孩子"。赞扬会让孩子依赖于别人的外在评价，而鼓励则会让孩子学会自我评价，并相信自己的判断。

不要总夸奖"你是个很棒的孩子""你简直是个天才"，而要多关注具体的事，比如"你刚刚跳得舞蹈很熟练很好看"。也不要总是夸奖孩子先天的优势，比如"聪明""漂亮"，而要多关注后天的努力，给孩子成就感，让他们愿意去接受挑战。

（3）奖励式鼓励

还有一种很常见的鼓励方式，就是用"外部奖励"来激励孩子，尤其是到了期末考试，常常会听到父母给孩子做各种各样的许诺。

"如果各科成绩都在95分以上，就给你买台电脑。"

"考全班第一，就带你去迪士尼乐园。"

"你若能考上重点高中，就奖励你一部最新款手机。"

我小时候也经常被父母这样鼓励，这种鼓励方式虽然在短期内会取得很好的效果，不仅可以激发孩子的潜能，还能以此了解孩子的喜好，拉近彼此的关系，但从长期看，它会转移孩子的学习目的，错把奖励当成学习的目标，同时也会让孩子把学习和奖励放在对立面上，这种情况下，孩子一旦达不到预期的成绩，或者多次达不到奖励的标准，就会产生挫败感，进而反感甚至厌恶学习。

而且，"父母说话不算数"是孩子非常讨厌的一种行为，它在中国青少年中心的一项调查中位居榜首，万一出现家长因为资金紧张、加班等原因而无法满足孩子的情况，便很容易影响亲子关系，激化亲子矛盾。

03 "有效鼓励"，持续给孩子成就感

鼓励没有标准，但掌握下面的方法，可以让鼓励更有效，助力孩子成为一个自信的人。

（1）三岁前，在安全范围鼓励孩子自由探索

孩子从学习爬、走等技能开始，就在不断地探索周围的世界，因为存在很多的危险因素，我们往往会不断限制孩子"不要碰这里""这里危险""我帮你拿"。这种危险的意识可能会传递给孩子一个信号"这个世界很可怕"，也可能会给孩子一种感受"我没有能力做这些事情"。

在可控范围内，家长应该鼓励孩子自由探索，以此增加他对这个世界的了解，也增强孩子对自身能力的信心。

（2）三岁到六岁之间，鼓励孩子自己做选择

有一次，我带可乐去买新年的衣服，让她自己挑，她对红色情有

独钟，很快挑中了一条红色的裙子和一件红色的大衣。而旁边的一个小姑娘很长时间拿不准，她妈妈就很羡慕我们"你家孩子比较有主见"。

孩子的主见和信心是在一次次选择中磨炼出来的，从买什么样的玩具、什么样的衣服、去吃什么这些小事开始让孩子自己试着选择，那么当以后面对上什么样的兴趣班、选择什么专业、交什么样的朋友、选择什么样的伴侣等"大事"时，她也会有自己的想法，而不至于太纠结和犹豫。

（3）在孩子遭遇挫折时，不要贬低和贴标签

正如前面我们说的，"打压式鼓励"也是一种语言暴力，会让孩子产生自我怀疑和自卑的情绪。尤其是孩子遭遇失败的时候，不要随意给孩子贴"笨""玻璃心"等标签，更不要贬低、谩骂孩子。

（4）正确夸奖孩子

夸奖孩子是为了让孩子产生成就感，可以多夸夸孩子的努力、勇气、态度积极、有礼貌等品质，注重过程和细节。在孩子搭建好一座积木房子的时候，试着跟他说："宝贝，你很有想象力，搭建的房子很有创意。"在孩子钢琴考级通过的时候，对他说："宝贝，在你无数次想要放弃的时候都坚持了下来，你值得这份荣誉。"

（5）正确运用奖励的方式

如果真的想要奖励孩子，可以在孩子表现不错的时候，自然而然地提到"最近是不是想去 XX 玩啊？周末有时间，咱们可以自驾去玩"，不要让"奖励"跟"成绩"直接挂钩，更不要在之前给出一个"成绩好了就带你去旅行"的承诺。

如果真的一时冲动跟孩子说了"这次考级通过，给你买个

iPad"，那就要说话算话，并且以后要有意识地减少这种许诺。

（6）教给孩子一些解决问题的技能

当孩子遇到困难，通过自己的多次努力还是完不成的时候，可以给他一些提示，或者教给他一些小技巧，跟他一起完成。几次下来，孩子便会自己掌握这些技能，而一个个小技能会成为他面对新挑战时的底气。

（7）培养"成长型思维"

不管孩子还是家里的大人，都需要培养一种"成长型思维"。大人愿意尝试新的挑战，在遇到挫折和挑战时，不放弃，努力寻找解决问题的办法，耳濡目染中，孩子也会学到这种勇气和自信。

（8）尊重孩子的独特性

每个孩子都是不一样的，有时候，他的一些言行举止会让父母忍不住跟同龄的孩子做比较，很多父母会发现甚至放大孩子身上的不足，这会让孩子产生挫败感。

给孩子"如他所是"的尊重，而不是"如你所愿"，尊重孩子的独特性，从他自身的优劣势出发，给予评价和鼓励，比如孩子喜欢独处，那就没必要非要"逼"着他去社交，可以让他享受独自阅读的快乐和自信。

（9）发自内心地赞赏孩子的闪光点

在一个综艺节目中，当嘉宾被问到"父母是否一直视你为骄傲，并在亲友面前炫耀你"时，演员孙红雷说："我父母对我的赞赏让我从小就很自信，我要谢谢我的爸爸妈妈。"正是这份自信，让长相并不出众的他在演艺圈一步步走出了属于自己的天地。

每个孩子都渴望被看见，渴望被肯定，父母要善于去发现孩子身上的闪光点，并发自内心地赞赏这些闪光点，这样不仅会给孩子信心，而且可以激发他的无限潜能。

（10）给孩子无条件的爱和信任

在前面章节中，我们也多次提到对孩子无条件的爱、接纳和信任，清楚而明确地向孩子传达这种"我永远爱你""我信任你"的态度，这样，孩子即使遭到外界的质疑、嘲讽，也会无视那些"流言"，保持内心的丰盈和富足。

没有什么比爱和信任更能给孩子底气了。

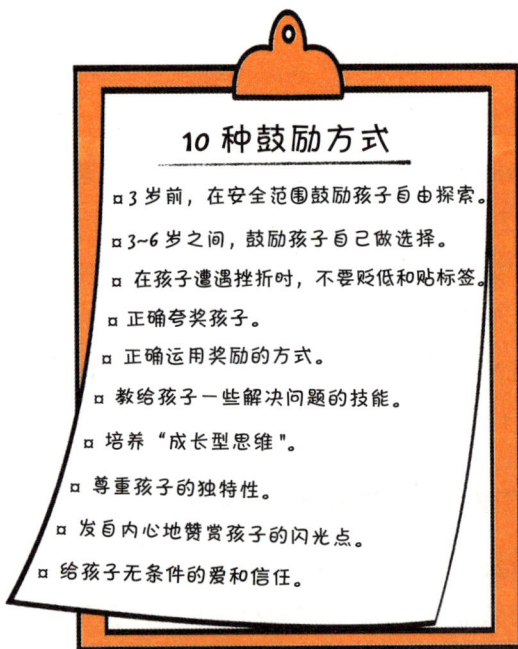

10 种鼓励方式

▫ 3 岁前，在安全范围鼓励孩子自由探索。

▫ 3~6 岁之间，鼓励孩子自己做选择。

▫ 在孩子遭遇挫折时，不要贬低和贴标签。

▫ 正确夸奖孩子。

▫ 正确运用奖励的方式。

▫ 教给孩子一些解决问题的技能。

▫ 培养"成长型思维"。

▫ 尊重孩子的独特性。

▫ 发自内心地赞赏孩子的闪光点。

▫ 给孩子无条件的爱和信任。

❤ 鼓励孩子的 10 种方式

有温度的沟通，感受有温度的爱

4.3 当孩子说"妈妈，我怕"，你的第一反应很重要

说起孩子害怕的东西，有时候真的让人哭笑不得。

那天，社群里一位妈妈说起自己的孩子居然害怕台灯，对此她非常不理解。其他的妈妈也纷纷说起了自家孩子怕黑、怕狗狗、怕马桶、怕蝴蝶、怕晾衣架、怕刮大风、怕扫地机器人、怕大人的喉结、怕缝隙、怕按钮……

要说怕黑、怕狗狗，我们可以理解，但是怕晾衣架、马桶、大人的喉结，这真让人觉得幼稚得可爱。不过这也传达出一条信息，那就是：在孩子的"害怕清单"中，很多东西可能在我们成年人看来"不正常"，但是对孩子来说，可能再正常不过了。而且每个孩子害怕的对象会各不相同，孩子在不同年龄阶段，害怕的对象也会不同。

真搞不懂这些小朋友，我家儿子看着天不怕地不怕的，居然害怕台灯

我家孩子怕黑，总是自己吓自己说怕鬼怕鬼

哈哈哈

我家还怕狗

怕黑我还能接受，关键台灯有什么好怕的呀

别人家孩子喜欢养宠物，我家看见狗就跑

台灯

我家闺女有段时间特别怕窗帘的那条缝隙

孩子的想法，真的是太不一样了

我家更逗，怕晾衣架

还怕撕胶带的声音

不可思议的小孩

是呀，孩子的世界太不可思议了

✦ 社群截图

心理学家劳伦斯·科恩提到，成年人总认为"童年"应该满是快乐和幸福，然而我们搞错了（或者忘记了），真正的童年是各种元素的混合，不仅有好奇、兴奋和幻想，还有恐惧、愤怒和悲伤。

对孩子来说，恐惧是一种很正常的情绪。那么，那个说"我怕"的孩子究竟在怕什么，孩子的恐惧到底源自哪里？

（1）源于成长过程中的本能

孩子会本能地害怕一些陌生的人和环境，突如其来的鞭炮声、从来没有见过的小动物、见到生人或者第一次去别人家做客，都会让孩子产生恐惧心理。而且，在特定的成长阶段，这种本能会表现得特别明显。比如孩子在五个月左右的时候开始"认生"，见到不熟悉的人会哭，被不熟悉的人抱更是会哇哇大哭，这其实是心理学上的"陌生人焦虑"阶段。而到了六个月左右时，孩子还会经历"分离焦虑"阶段，处于这一阶段的孩子特别害怕跟妈妈分开。

（2）源于想象力的"放大"

常常会听到家长说"宝贝，这只是你想象出来的，不是真的"。其实，对孩子来说，那些出现在脑海中的画面跟"真实的世界"是一样的，而那种害怕的情绪，更是一种真实的恐惧。比如可乐有段时间非常害怕窗帘的缝隙，晚上把窗帘拉上，中间会留有缝隙，她说会有大怪兽从那个缝隙中跳出来，还躲在我的后面，让我不要拉窗帘。孩子之所以害怕可能就是因为她联想到了动画片中的怪兽场景。

（3）源于糟糕的体验

可乐很喜欢玩水，夏天的时候，我们几乎每天都会带她去海边玩水、游泳。可是突然有一天，我们带她下水的时候，她非常抗拒，拉着我的手就往沙滩上走，嘴里还一直喊着"妈妈，走"。我特别奇怪，再三追问下，老公才说前一天带她下水的时候，可乐不小心被呛到了，喝了好几口水。原来，她怕的是再次被水呛到，再次经历那种糟糕的体验。

（4）源于外界的"提示"

除了本能和自己的亲身体验外，孩子还可能会因为周围人的言行而对一些事物产生紧张与恐惧的感觉。比如《小猪佩奇》里有一集《骑自行车》，佩奇在拿掉平衡轮学骑自行车的过程中，本来骑得很好，却在猪爸爸喊了一句"小心"之后摔倒，因为她发现，爸爸已经没有在后面扶着她了，于是她开始害怕了。再比如有的孩子会害怕警察，他们不太了解警察是做什么的，却在经常听到奶奶说"再不听话就让警察叔叔把你抓起来"后，内心对警察充满了恐惧。

（5）源于因"家庭问题"而滋生的焦虑和恐惧

任何年龄段的孩子都有可能会因为"家庭问题"而产生焦虑。如果家庭出现各种各样的问题，比如父母经常吵架，那么孩子就会长期处于一种焦虑状态，久而久之，孩子会把这种焦虑转化为对某些具体刺激物的恐惧。我有个朋友就是这样，小时候父母经常吵架，她就缩在被窝里偷偷地哭，长大以后特别害怕听到别人吵架，甚至当别人大声跟她说话时，她都会很紧张很害怕。

02 不要逼迫孩子勇敢，更不要轻易否定孩子的恐惧

听到孩子说"妈妈，我怕"的时候，你通常怎么回应孩子呢？很多家长喜欢说"不怕，不怕，你要勇敢"，其实我们本意是想要帮助孩子缓解和消除恐惧，让孩子变得勇敢，可多次的经验却表明，"不怕，不怕"对孩子起不到一点缓解作用，而"你要勇敢"这句话也给不了孩子力量。

记得有次带可乐在楼下小公园玩耍，她在草地里看到了一条毛毛虫，很惊喜地跟我说："妈妈，我找到了一条毛毛虫，快来看！"昊昊的妈妈听到了，也领着昊昊过去看，虽然昊昊比可乐大两个月，却不敢摸那条毛毛虫。当可乐直接用手将毛毛虫拿到我们身边时，昊昊哭了。昊昊妈妈不停地跟昊昊说"不怕不怕，勇敢一点""你看妹妹是个小女生都不害怕，你也可以的"，可是昊昊还是很害怕。昊昊妈妈很无奈地跟我说："这孩子就是太胆小了，毕竟是男孩子，还是要练练他的胆量。"

其实，害怕是一种本能，每个孩子在成长过程中，都会遇到自己害怕的事。有的孩子害怕打针，有的孩子怕登高，还有些孩子怕小动物，每个孩子害怕的对象不同，家长不要随意给孩子贴"不勇敢""胆小"的标签，也不要逼着孩子学着勇敢，因为这样做非但解决不了问题，还可能会增强孩子对那个事物的恐惧程度。

当孩子说"我害怕"的时候，不要逼迫孩子勇敢，更不要轻易否定孩子的恐惧。孩子害怕的对象有时候的确有点"幼稚"，比如前面说的害怕晾衣架，害怕大人的喉结，我们很容易会根据自己的认知和思维方式脱口而出"这有什么好怕的呀"，可我们觉得不可怕的东西，孩子不一定不害怕。

相信很多人小时候都有过这种体验，在黑暗的环境里，躺在床

上总觉得床下会有吃人的怪兽，甚至会把家里闪烁的按钮当作怪物。后来我们长大了，当我们知道黑暗中没有吃人的怪兽，那个闪烁的怪物只是一个会发光的小按钮而已，也就不那么怕了，可小时候的害怕却是真实存在的。

而且，孩子说"害怕"也许另有隐情。我之前听过一个故事，一个三年级的小女孩放学回家跟父母说"有鬼"，不敢一个人睡觉。刚开始父母会说"这个世界上没有鬼"，后来有一次问女儿"那个鬼长什么样子呢"，女儿很认真地回答"是黑色的，我一看他，他就消失了"。父亲跟女儿聊了很多很详细的细节，得到一条重要信息：经常在放学路上看见这个"鬼"。于是，这个父亲提前去学校一探究竟，发现竟然有一名中年男子在跟踪女儿，于是赶紧报了警。想想其实挺后怕的，如果这位父亲没有重视孩子的哭诉，那后果将不堪设想。

03 家长如何帮孩子缓解恐惧情绪

孩子的世界很难懂，他们会怕一个可爱的玩具，会怕一首欢快的歌，甚至会怕一朵漂亮的花。孩子的世界又很简单，在他们怕的时候，他们不需要讲什么大道理，只需要妈妈一句"我在"，需要妈妈的一个拥抱。

面对那个说"妈妈，我怕"的孩子，请尽量多一点"看见"，少一点武断；多一点等待，少一点逼迫；多一点温暖，少一点批评。

（1）接纳孩子的"畏难"情绪，找到恐惧的源头

劳伦斯·科恩博士曾经讲过一个小故事。有个小男孩每次一听到动画片《芝麻街》的主题曲就面露恐惧，可是这首主题曲明明是一首很欢快的歌啊。小男孩年龄太小，讲不清楚原因，她的妈妈还

原了第一次听这首歌的经过，才找到了孩子恐惧的源头。原来，孩子第一次听到这首歌的时候，画面显示的是一个正在疯狂奔跑的怪物，他吓得浑身发抖，后来在妈妈的安抚下逐渐平静下来，从那以后，每当孩子听到这首歌时，他都会表现出恐惧。

在弄清楚了小男孩害怕的原因后，科恩博士通过游戏的方式帮男孩修复了心理创伤。接纳孩子的情绪，带着"孩子害怕，自会有他的道理"的想法，帮助孩子找到恐惧的源头，只有这样，才能真正帮孩子化解焦虑和恐惧。

（2）系统脱敏法，淡化恐惧

心理学上有一种方法叫"系统脱敏法"，意在引导孩子在放松的状态下接触并慢慢适应害怕的对象，从而淡化、消除内心的恐惧。

一位朋友分享过她的做法，有一天儿子从幼儿园回来告诉她："妈妈，老师说订书机会夹手，我好害怕。"不管朋友怎么说，儿子都觉得那是个很恐惧的东西。后来朋友拿出了家里的订书机和孩子一起订 A4 纸，并告诉儿子"如果你不把手放在装订位置，那就不会有危险，危不危险在于你自己。"过了一会儿，儿子说："原来订书机也不危险啊！"这个时候，她又跟儿子强调：只要不把手放在装订处，就不危险，还借机强调了一些日常安全知识。

我们采用系统脱敏法，是不想让孩子心中积攒太多的恐惧情绪，进而导致孩子错失很多好的风景和机会。如果孩子表现出强烈的抗拒，或者恐惧本身对孩子的生活影响不大，那么家长也不要太执着。有的恐惧会随着孩子慢慢长大而自然消除，比如怕马桶。有的恐惧即使伴随一生也可以寻求其他解决办法，比如很多成年人依然怕黑，那么可以开着小夜灯睡觉。

（3）鼓励孩子，跟孩子一起勇敢

曾经有一位演员，在她小时候参加一次演出时，面对步步逼近的"怪物"，她吓得跑下台去找爸爸，对此，爸爸并没有说"不怕，勇敢一点"，而是穿上"战袍"跟女儿一起回到舞台上，一起勇敢地打怪物。无形中，爸爸把那把"勇敢"的宝剑给到了女儿手中。多年后，即使父亲不在了，这位演员依然怀揣着那份"勇敢"一路披荆斩棘，勇敢地追梦，最终登上了一个又一个更大的舞台。

与其逼着孩子勇敢，不如跟孩子一起勇敢，给他一份勇敢的底气。

害怕，是一种很平常的情绪，又是一种很特殊的情绪。它是人生中必然经历的一种情绪，却通常只在最亲近的人面前才展露出来。当孩子说"我害怕"的时候，不要轻易地否定，也不要嘲笑"幼稚"，更不要逼迫着孩子勇敢，接纳他的害怕，给他一个拥抱，你怀里的温暖，或许是勇敢最好的催化剂。

4.4 逆商教育，从给孩子"试错权"开始

接纳自己，我曾用了近乎十年的时间。

高考那年，我考出了高中三年中最差的成绩，原本梦想着冲击文科状元，却离一本线还差 16 分。后来我选择了复读，我想再给自己一次机会，复读的那一年，我过了一本线，可填报志愿的时候，阴差阳错，我选择了不服从调剂，再次被打入二本。

那之后，我"认命"了，去读了一所普通的本科院校。此后的很多年，我不断地自责，也不断地陷入一种"个人化假想"中："如果我当时再多考4分，第一志愿就被录取了""如果当初志愿填报得好，我就是 985 名牌大学的学生了"。

大学四年，我过得很纠结，一方面不甘心，想要努力证明自己，一方面又觉得人生也就这样了，沉浸在自责和逃避中，想要破罐子破摔。于是，18 岁的我迎来了一段"叛逆期"，过着得过且过的生活，喜欢在宿舍睡觉刷剧，也喜欢去图书馆看小说，就是上课不积极，不求成绩多好，只在考前努力几天，成绩保持在班里十几名就已知足。

即便如此，我依然有个考研梦，想证明自己可以读一个更好的学校。直到研究生毕业那年，我才开始慢慢放下自己的心结，才开

有温度的沟通，感受有温度的爱

始在家人说起当年高考的情景时，不再沉默以对，而是跟着调侃一句"那时候就是脑子秀逗了"。

从小到大一直顺风顺水，考过无数次第一名，却在高考那么关键的考试上一次次栽跟头，我看看周围的同学，觉得自己是最倒霉的一个，每次有人安慰我，都会说"这是命运对你的考验""真的没什么大不了，一切都会过去的""是金子总会发光"，可我偏执地认为他们根本无法感同身受。如今回看那十年，我的确在错过太阳后又错过了群星，在那十年里，我错过了很多还不错的机会，这也让我明白了自己的抗挫能力多么差。

2016 年，我做了妈妈，对孩子有了很多期许。当老公问我最希望孩子具有什么样的品质时，我在聪明、勇敢、能扛事儿、学习力强、情商高等选项中，选出了"能扛事儿"这个答案。人生不可能会一直顺遂，总会遭遇大大小小的挫折，我希望我的孩子能够在每一次跌倒以后，都能拍拍身上的灰尘微笑着继续前行。

而能扛事儿，就是心理学上的"逆商"高。

01 逆商，决定了人生的高度

"逆商"这个词，是美国著名学者保罗·斯托茨提出的，是指一个人在遭遇逆境时，化解并超越挫折的能力。

每个人在成长过程中都会经历大大小小的挫折：考试成绩不理想、找不到理想的工作、失恋、创业失败……面对这些挫折，逆商高的人能够输得起，虽然也会悲伤痛苦，但是他们会直面挫折，积极寻找解决方法，给自己从头再来的机会，因此会在人生路上走得更远。而逆商低的人，即使面对很小的挫折，也会扛不住，很容易失去前行的勇气。

某种程度上，人生就是攀越一个又一个逆境的过程，而逆商决定了一个人能走多远，能攀多高。那么如何衡量逆商呢？可以从 CORE 四个维度来看。

维度	具体内涵	具体表现
C：Control，掌控感	面对逆境时，对自己应对能力的预判和掌控	掌控感强的人会觉得一切尽在掌控中，认为"总会有办法的，我一定能想到解决办法"；而掌控感弱的人则会感到无助和绝望，认为"我不行，太难了，这就是命"
O：Ownership，担当力	面对问题或错误时，是否勇于承担责任，寻找解决的方法	面对问题或错误，担当力强的人会主动承担责任，努力寻找解决或修复的方法，并吸取教训，力求在未来避免同样的错误发生；而担当力弱的人则会倾向于逃避责任和推卸责任
R：Reach，影响度	逆境对生活其他方面造成的影响，是横向维度的影响	逆商高的人会"就事论事"，尽可能把影响控制在当前事情上；而逆商低的人则会无限"放大"影响，甚至蔓延至生活的方方面面
E：Endurance，持续性	逆境带来的影响会持续多久，是纵向维度的影响	逆商高的人会将其影响看作是暂时的，很快就会过去，并全面分析原因找到突破口；而逆商低的人则将其影响看作是永久性的、一辈子的，常常将原因归咎到一些较为稳定持久性的因素上，比如先天遗传没法改、能力不足

有温度的沟通，感受有温度的爱

02 培养孩子的逆商，从允许孩子犯错开始

当看到一些关于中小学生因为被训斥、成绩没考好而选择自杀的报道时，评论区里很多人会留言：现在的孩子太玻璃心了，抗压能力太差了。我们在评论的同时，却忽略了一点：**在如何应对逆境方面，我们教给孩子的太少了。**

我们训斥那个跌倒后大哭着不起来的孩子，却很少告诉孩子如何有尊严地站起来，将疼痛化为前行的动力；我们心疼那个强忍着痛苦、内心尴尬而纠结的孩子，却很少告诉孩子用怎样的表情去面对别人，又该怎样去疗愈自己的伤口。作为一个曾经在近乎十年里沉浸在自责情绪中的人来说，在那十年里，我是多么希望有人告诉我疗愈的具体方法，把我从那个无尽的黑暗中拉出来，而不只是安慰、心疼、惋惜。

逆商不是天生的，也不是一成不变的，是可以在日常生活中一点一滴提升的。孩子逆商的培养，应该从允许他犯错开始。

（1）做好"过滤器"，放手把"试错权"还给孩子

童年需要"试错"，一个完全听话、从不犯错的孩子，在自己独自面对世界的时候，往往需要花更大的力气去认识和适应这个世界。当孩子"犯错"的时候，把米饭洒了一地，把扣子系错了位置，衣服没有洗干净，上面还带着很多的肥皂泡沫……家长要做的不是包办一切，而是学着做一个"**过滤器**"。

对于那些孩子可以自己应对的事情，比如吃饭、穿衣、收拾玩具、交朋友等，我们应该放手让孩子自己去体验。

米饭洒在了地上，不要批评那个跃跃欲试的孩子"都说了，你自己不行"，更不要一把夺过碗，一勺一勺喂给孩子吃，可以跟他

一起用纸巾擦地，下一次他会学着努力控制自己手中的碗和勺子，即使饭洒在地上，他也会自己拿起纸巾把地擦干净；穿衣服的时候，孩子可能不知道正反，搞不清怎么穿进去，一次、两次……在你的示范和他的尝试下，他很快便会掌握这项技能。

孩子的掌控感和自信心是在一次次的尝试和练习中得到提升的。

（2）有一颗"容错心"，少批评多鼓励

去年我们一家去山西旅行，在平遥古城闲逛的时候，看到一个小姑娘不小心把一件玻璃饰品碰到地上打碎了，小姑娘很害怕，怯怯地看着妈妈，眼看着要哭了。对此，妈妈不仅没有安慰孩子，反而批评孩子"让你小心点小心点，就是不听，非得乱动，打碎了还得赔人家钱"，孩子瞬间掉下了眼泪。

其实那件小饰品就几十块钱，对于外出旅行的人来说，也算不了什么，可有的家长已经形成了一种习惯，看见孩子犯错，本能地就会先批评。这种批评从一定程度上讲其实是在"逃避"责任，它会把自己撇清，潜台词是自己已经提醒过孩子了，是孩子自己不听话犯了错。

其实孩子的责任，应该由父母和孩子一起承担，与其批评后孩子不情不愿地承担责任，为何不跟孩子一起主动承担责任、积极寻找解决问题的办法呢？孩子在电梯里按下所有楼层的按钮，爸爸要求孩子写一封道歉信贴在电梯里，这就是跟孩子一起承担责任。孩子偷偷把博物馆的鹅卵石带回家，家长带着孩子一起把鹅卵石送回去并手写一封道歉信，这就是跟孩子一起承担责任。

拥有一颗容错心，在孩子犯错的时候，少批评，多鼓励孩子勇敢地承担责任，积极寻找解决办法，这样孩子才能真正得到成长。

一位科学家曾经提到小时候弄洒牛奶的事情。那时，他才两岁，

想从冰箱里拿出一杯牛奶，却能力有限，没有抓好牛奶瓶，奶瓶掉在地上，牛奶洒了一地……母亲跑过来看到满地的牛奶，并没有生气，更没有冲他大吼，而是孩子气地建议他在牛奶中玩几分钟。之后，母亲提出要把地面打扫干净，于是给了他三种选择：海绵、毛巾和拖把，他学着做出选择，跟母亲一起用海绵把地上的牛奶清理干净。再后来，母亲用牛奶瓶装满水，让他练习如何更好地抓牢瓶子，在反复的练习中，他终于掌握了基本的抓握技巧。

那位科学家说："从那以后，我知道我不必再害怕犯任何错误了，因为错误往往是学习新知识的良机。科学实验也是这样，即使实验失败了，我还是可以从中学到很多东西。"

当你觉得孩子给自己惹了麻烦而烦躁不已时，那个小错误就是一次错误，一次麻烦。而当你耐心引导他从一次次小小的"失误"中学会点什么，比如解决问题的方法，比如不放弃的品质，那么，它就不是错误，而是一次成长的机会。

（3）言传身教，引导孩子更好地"归因"

逆境对孩子的影响度和持续性，跟孩子如何归因有很大的关系。

心理学家韦纳将成败归因分为三个维度六个因素，即能力、努力程度、工作难度、运气、身心状况、外界环境等。如果总把成功归因于外部条件，比如运气好、任务比较简单，而总把失败归因于内部的、稳定的因素，比如自己的能力，那么这个人就会变得自卑，进而陷入习得性无助中，认为自己做什么都无济于事，这种状态会使人长期处于自我质疑、无助和绝望中。

如此一来，有些逆境对孩子的影响可能会蔓延到生活的方方面面，甚至延伸到孩子的一生中。

家长教会孩子全面分析自己成功和失败的原因，形成积极的思维，可以试着从自身出发。在升职加薪的时候，将其归因于自己的努力，在工作上遇到困境时，积极地分析存在的阻力并寻找有效的解决方案。在对孩子做出评价的时候积极多元一些，当孩子取得了不错的成绩时，可以夸奖他"这是你努力的结果，继续加油"，当孩子成绩考得差时，鼓励他"我知道你努力了，只是一些方法还没掌握好，我们一起来看看怎样才能彻底掌握这些方法，这样下次肯定会进步"。

学会正确合理的归因，能够帮助孩子在遇到挫折时，尽快调整自己的思维，积极应对挑战和寻找办法，进而走出逆境。

（4）无须刻意制造挫折，教会孩子笑对挫折

一个曾经被母亲打着"锻炼独立能力"的旗号被丢到沙漠里三天两夜的 10 岁小女孩，哭着对妈妈说："今后我在遇到困难时，永远不会因为那三天两夜的痛苦变得更坚强，我只会记得你是怎么虐待我的。"刻意制造的挫折，不会让孩子变得更坚强。挫折教育的核心不是要给孩子刻意设置各种挫折，让孩子提前经历各种磨难，而是要教孩子学会如何面对挫折，在经历无数挫折后依然保有一颗快乐而幸福的初心。

每一个孩子都是一粒种子，会经历春夏秋冬、风霜雨雪，会慢慢发芽、开花……拔苗助长，只会阻碍孩子的成长。

著名篮球运动员乔丹曾说过这样一段话："我起码有 9000 次投球不中，我输过不下 300 场比赛，有 26 次人们期待我投入制胜球而我却失误了。我的一生中失败一个接着一个，这就是为什么我能够成功。我从未害怕过失败，我可以接受失败，但我不能接受没有尝试。"

成功的背后，是一次次失败、一次次爬起后的百炼成钢。我们无法给孩子完美的世界，却可以教会孩子坦然接受自己的不完美和失败，即使错过了太阳，依然可以收获满天的星辰。

4.5 放手是父母的必修课，独行是孩子的必修课

英剧《黑镜》第四季中，有一位想要保护女儿、让她远离一切伤害的母亲。这位母亲参加了一个叫"方舟天使"的项目，在女儿 Sara 的大脑中植入高科技芯片，想要给女儿营造一个美好的童话世界，没有流血，没有伤害，没有危险……

这个芯片具有四个功能：

"定位功能"：可以通过平板电脑快速定位 Sara 的位置。

"生命体征"：可以检测 Sara 的身体指标，并给予合理的膳食建议。

"视界转播"：可以通过平板电脑看到 Sara 所看到的画面。

"滤镜功能"：可以将一切让 Sara 害怕、紧张的画面打上马赛克。

母亲原以为女儿一直生活在自己缔造的童话世界里，却不知道女儿在这种"保护"下不仅失去了起码的风险评估能力，还无比渴望着尝试一切不曾尝试过的东西，渴望着逃离母亲的保护。影片最后，女儿选择以自己的方式去反抗母亲的控制，搭上一辆陌生的卡车，踏上了未知的旅行。而母亲联系不上自己的女儿，只能绝望地哭喊着。

多么讽刺，又是多么现实，当这位妈妈试图保护女儿一辈子，倾尽全力为她撑起一片艳阳天的时候，却无形中也在试图把女儿变成一个"弱者"，无法保护自己，也无力对抗人生的风雨。

人生路上充满了未知，有鲜花，也有荆棘，有欢笑，也有泪水，我们不可能做孩子一辈子的保护伞，我们也做不到，不如早一点放手，让他们在摸爬滚打中一点点成长，学会独立前行，这也是我们为人父母的责任。

01 不过早地训练孩子"独立"

儿童心理学专家孙瑞雪曾经写道，人从出生那天起就开始走向了独立，最早的独立首先是功能上的独立，儿童不断地使用自身的每一个功能，以达到独立——口、手、腿……最后逐渐走向内在的心理、意识等方面的独立。

学会独立，是一个循序渐进的过程，真正的独立是在内心得到满足的基础上自然而然产生的，不是刻意训练出来的。

马伊琍曾经分享过自己的一段经历，说非常后悔自己在大女儿小的时候刻意训练孩子独立：孩子睡着了，即使自己当下跟着一起睡着了，半夜也会再把女儿放回自己的小床，只有在孩子生病的时候才让她在大床上睡。那时候的想法是怕孩子跟大人睡在一张大床上破坏孩子的独立性成长。可事实是，孩子只有在婴幼儿时期得到了充分的感情回应，获得了充足的安全感，长大后才能真正独立。

而且，孩子独立的需求具有明显的阶段性特征，想要自己吃饭、想要自己穿鞋子、想要自己选择喜欢的衣服、想要自己上厕所、想要自己睡小床……只要用心观察，就会发现一个个独立的需求，与其刻意提早训练，不如静待花开、顺其自然。

有温度的沟通，感受有温度的爱

对于一些孩子自己可以做好的事情，我们就没必要帮他们做了，否则只会让孩子失去体验和成长的机会，认为自己做不到。

可乐刚上幼儿园的时候，自理能力还是可以的，可以自己吃饭，自己洗手洗脸，自己穿脱衣服，自己穿鞋系鞋带，唯独自己不会上厕所，这让我很头疼，特意叮嘱老师。其实，她在 18 个月的时候就已经可以自己用小马桶了，后来，可乐奶奶觉得总是冲刷小马桶比较麻烦，于是干脆抱着她用大马桶。每当她想要自己上的时候，奶奶会说"你还小，自己不行"，说着就把她抱上去，完事后她想要冲马桶时，奶奶也会说"你还小，够不着"。再后来，我建议她自己去的时候，可乐就会说"妈妈，我还小，自己不会"，每当这时，奶奶都会自告奋勇地说："我带你去。"

上幼儿园的第一周，她开始尝试自己用小马桶，会出现尿到裤子上的情况，可是从第二周开始，她就可以做得很好了，幼儿园老师特意跟我说："当初你跟我说的时候，我还有点担心，其实孩子的自理能力很强啊！"

事实上，很多时候孩子自己动手、自己解决问题的能力要比我们想象的强很多，在培养孩子的独立性方面，既需要我们对他的能力有信心，也需要我们面对一些让孩子体验的机会时，能够敏锐地判断出孩子能否自己应对，如果他可以，我们就需要克制自己想要上前帮忙的冲动，退后一步。

英国心理学博士西尔维娅·克莱尔曾说：这个世界上所有的爱都以聚合为最终目的，只有一种爱以分离为目的，那就是父母对孩子的爱。真正的父爱母爱，是一场得体的退出。成长总是伴随着分离，父母少一点干涉，就会给孩子多一点空间，这样她才会在体验中迈出独立成长的步伐。

03 培养孩子独立解决问题的能力

培养孩子独立解决问题的能力，父母除了要做好"过滤器"，对于一些孩子能够自己解决和应对的事情，退一步让孩子自己去做之外，也要做好"脚手架"，在孩子需要帮助的时候扶一把。

教育学上有个**"支架式教学"**的概念，指的是教师为学生提供一种利于有效理解的"支架"，引导学生理解更深层次的内容。孩子在成长过程中会遇到许多许多的困难，看起来很简单的拼图就是不会拼，看起来很简单的画就是不会画，可能试过很多次依然无法解决，在他放弃前，家长可以借鉴这种搭建脚手架的方法，根据孩子掌握的知识给予一定的提示和指导，等他掌握了技能，再退出。

可乐第一次拼中国地图的时候，完全无从下手，那是她第一次拼图，她不知道要做什么，怎么做，于是我提示她"把这一块放到跟它一样的地方，颜色和形状都是一样的，你看这个……"在我放了几块以后，她就明白了，拼得非常快。等到拼世界地图的时候，虽然颜色很相近，拼块比较多，但她一点也没觉得很难很麻烦，而是很兴奋地拼好了，跟我炫耀"妈妈你看"。

等到拼恐龙拼图的时候，可乐又遇到了新的挑战。地图上面有明确的形状和颜色，可以对照着拼上去，可是恐龙拼图是"盲拼"，主要靠观察来拼；地图拼图具有磁性，在拼的时候很容易就贴合上去了，但是恐龙拼图是纸板制成的，卡不上去的时候可乐就会怀疑自己选错了。

盲拼，对于可乐来说很难，她无从下手，几次之后就想放弃，

有温度的沟通，感受有温度的爱

于是我就把完整的拼图拍了下来，让她对照着拼，在拼的时候示弱"妈妈也是第一次玩这种拼图，也不太会，我们一起试试"，每当看到她拿起来一片便鼓励她"放上去试试"，也在不经意间传授一些小技巧"你看这个拼块的角是圆圆的，是不是适合放在这个角上呢""你看这一块的叶子跟旁边的一样，你放在这里就对了"。如今，她已经可以独立拼 16 片的拼图了。

搭建脚手架的方式有很多，包括给出提示、提出建议、将任务拆解、跟孩子一起做的过程中传授小技巧等，可以根据所做事情的特点，根据孩子已经掌握的技能，根据孩子的认知经验，选择更适合自己孩子的方式。搭建脚手架，不仅可以引导孩子解决问题，而且也能培养他运用既有知识去解决新困难的思维方式和勇于尝试的品质。

04 教孩子学会求助和保护自己

独立跟求助从来不是对立的，懂得求助是一种难得的能力。可乐去上幼儿园，我跟她说得最多的就是"你在学校里有不会做的事情，或者有不开心的事情，一定要跟老师说""在幼儿园遇到开心或不开心的事情，回来跟妈妈说"。

在孩子犯了错、受到了伤害找你求助的时候，不要指责，给他安慰，并跟他一起分析问题、想办法解决，让孩子愿意向你求助，对你形成"适度依赖"。同时，父母也要不断地提升自己的情绪控制能力、解决问题的能力等，这样才能够给予孩子真正的帮助，成为孩子遇事可求助的对象。

当然，还要教会孩子一些求助和保护自己的技巧，求助的对象不限于父母，还可以是穿着制服的警察叔叔、医生、商场的工作人员等。

常见的求助情景

①迷路或者走失：在路上可以求助交警、巡逻民警、保安，在商场可以求助穿着制服的工作人员，或者直接去服务台，报上父母电话号码，跟父母取得联系。

②被可疑人员尾随：不慌乱，往人多的地方、繁华的地方走，可以向附近商店、居民区的人求助，向普通人求助时，尽量求助一个人。

③自己在家：开门前问问是谁，千万不要给陌生人开门，如果对方说认识爸爸妈妈，也要先跟爸爸妈妈打电话确认。注意：不要一边开门一边问，更不要开门以后再问，低幼年龄段的孩子容易这样操作。

如果说，学会放手是父母的必修课，那么，学会独行，是每个孩子的必修课。

有温度的沟通，感受有温度的爱

4.6 考不了第一，真的没什么大不了

写这篇文章的时候，电视里正在热播《小舍得》，这部剧讲述了家长所面临的教育难题，以及由此引发的家庭焦虑，引发了网民的热议。

剧中两位妈妈让人印象深刻。

一个是蒋欣饰演的田雨岚，是"鸡娃妈妈"的代表，从幼儿园开始就带着儿子颜子悠上各种辅导班，力求第一名。后来，在孩子"妈妈爱的不是我，而是考满分的我"的控诉中，这位妈妈才重新开始关注孩子的兴趣和快乐。

另一个妈妈是宋佳饰演的南俪，是"佛系妈妈"的代表，女儿欢欢是个全面发展的孩子，也是班里仅有的几个不上辅导班的孩子，但进入五年级后，成绩开始跟不上，甚至考倒数第一，这位妈妈开始走上"鸡娃"路线。

这部剧播出后，我跟几个当了妈的朋友经常在一起探讨剧情。我们都是从农村走出来的孩子，通过努力读了本科、研究生，坚信读书的力量：**读书或许不是唯一的路，却是人生最好走的一条路。**带着这样的想法，我们都没法做到像南俪那样"佛系"，即使做不到疯狂的"鸡娃"，内心的焦虑也是蠢蠢欲动。

大家铆足劲儿为孩子提供好的学习条件，其中一个朋友刚好在上海买了二套房，是个学区房，她说这么多年省吃俭用，月薪几万块却舍不得买件新衣服，但拿到房产证的那一刻觉得一切都值了，孩子终于能上一所好学校了。

所以站在父母的角度看，为了孩子买学区房、报兴趣班，努力给孩子一个更高的人生起点，这真的无可厚非。但我这篇文章想要分享的是，凡事都讲究一个度，如果家长过于焦虑紧张，过于看重孩子的成绩，而忽略了孩子的感受和成长，那就得不偿失了。

01 成长，比成绩更重要

我小时候经常考第一，但是我妈每次提起我小时候考第一的事儿，我的第一感觉不是自豪，而是尴尬甚至羞愧，因为她总会加上那个我考了第二名大哭的故事。

大概是小学四年级的时候，我第一次考了一个第二名，刚好赶上春节，像往常一样，亲戚朋友问我："今年是不是又考了第一名啊？"我眼泪啪嗒啪嗒往下掉，很伤心地回了一句"考了第二"。

从那之后，我妈总会用"凡尔赛式"的口吻提起那个小故事，刚开始也没啥感觉，听听就过了，可直到自己做了妈妈，我开始同情甚至可怜那个考了第二名就哇哇大哭的小姑娘了。**争取考第一名本是好事，可是"考第二名就是落后"对于一个孩子来说，这其实是一个危险的信号。**如果她看重的是成绩，那么如此重的得失心，如此脆弱的承受能力，会让她在未来更难面对自己的失败；而如果她看重的是别人的认可，那么她会一直活在别人的眼光中。

而事实也是如此，高考发挥失常，我真的用了很多年去消化这件事，所以如今，当有人问我"期待孩子能考多少名"时，我的回

有温度的沟通，感受有温度的爱

答永远是"不要考第一名"。

成长，比成绩更重要。好的教育，不是教孩子争第一，而是唤醒孩子内心的种子，掌握更多的能力。

作家林清玄曾经写过这样一段话：

生命中有很多重要的东西，除了学习，孩子更应该掌握这几方面的能力：

面对挫折的能力。除了读书，劳动也锻炼这个能力。

爱的能力。

认识生命多元价值的能力。

拓展视野的能力。

表达自己情感和思想的能力。

在豆瓣上，有两个小组引人关注，一个是"985废物引进计划"，一个是"985废物自救小组"。前一个小组在提醒着我们，有太多的孩子考入了名校，却依然在进入大学、进入社会后，撞得头破血流，除了成绩，他们需要更多的成长。而后一个小组给我们带来更多的希望，人生路远，道阻且长，在一次次失败中成长起来，依然可以拥有想要的人生。

02 看见孩子，比看见孩子的成绩更重要

对于孩子来说，"考第二名就是落后"，这样的认知对于其成长是危险的。

对于父母来说，"考第二名就是落后"，这样的想法对于亲子教育是致命的。

我有次跟朋友聊起这个话题，她说她的领导就是这样，次次逼着自己的女儿考第一名，要是考不到第一名，就要打骂孩子，而且

骂起来很难听。她说，她们同事一致觉得小姑娘已经很优秀了，人长得漂亮，成绩又好，可是这个小姑娘就是得不到妈妈的认可，在妈妈的眼里她"懒散不求上进"，两人的关系可想而知，真是可怜极了。

听朋友这么说，我真的很心疼这个小姑娘，"考第二名就是落后"的认知本来已经让孩子背负了很大的压力，而妈妈一次次给孩子戴上这个"紧箍咒"式的枷锁，会压得孩子喘不过气来，严重时还会导致孩子抑郁。

对于低幼年龄段的孩子来说，不要过早地给孩子灌输"输赢"的概念。

可乐上中班的时候，有段时间总喜欢争第一名，吃饭要第一，玩游戏要第一，去上学也要第一，要是听到"你不是第一"就开始哭。我们没有给她灌输这种想法，但她难免会听到老师、同学、玩伴这样说，其实这个阶段的"第一"对她来说，可能只是意味着会得到老师的表扬、小伙伴的羡慕。

孩子渴望得到认可，家长可以去夸奖、去鼓励，但尽量不要用"争第一"的方式。我对"第一名"比较敏感，开始想办法给她"稀释"输赢的概念，在家里要举行吃饭比赛、画画比赛、背诵比赛的时候，我们都会不停地说"是不是第一都没关系""输了赢了都可以"。

一段时间后，她好像对争第一没了兴趣，但是观察下来，她做事的兴趣丝毫没有减。

对于年龄较大的孩子来说，不要武断地用"别人家孩子"来激励自己的孩子，我们要努力"看见"孩子的需求，给孩子真正的鼓励。

有个孩子学习很用功，一直想要赶超他的同桌，可无论怎么努力都赶不上，他的同桌似乎很轻松地就能保持第一名。他很困惑，于是去问妈妈："妈妈，我是不是比别人笨？我觉得我和他一样听老师话，一样认真地做作业，可是，为什么我总比他落后呢？"

他的妈妈没有武断地说"你还不够努力""你还不够勤奋"，而是给了他一个与众不同的答案。她带着儿子来到海边，告诉他："你看那些在海边争食的鸟儿，当海浪打来的时候，小灰雀总能迅速地起飞，它们拍打两三下翅膀就升入天空。而海鸥总显得非常笨拙，它们从沙滩飞入天空总要很长时间，然而，真正能飞跃大海横过大洋的是它们。"

我挺佩服这位妈妈，她用心地倾听了孩子的倾诉，看见了孩子的困惑，基于孩子的自身条件给予了真正的鼓励。她的答案，成为孩子前行路上的一盏明灯，照耀着这个孩子一步步努力考上清华，激励着他从一棵小树苗一点点长成参天大树。

03 接受孩子的平凡，是父母的必修课

北大一位叫丁延庆（化名）的副教授曾经在视频中公开吐槽自己女儿是个"学渣"，他自己小时候是个"神童"，6岁就能背下整本新华字典，大学考上了北大，后来继续深造成为北大的副教授，而他的妻子同样是来自北京大学的高才生。

就是这样一对学霸父母，本着遗传的原理，女儿本该也是学霸体质，可偏偏就是个"学渣"。丁教授在视频中说，自己最开始辅导女儿做作业，真的是痛心疾首，分分钟怀疑人生啊，可后来也开始慢慢接受命运的安排了："这就是天道，没办法，你必须接受，不接受能怎么样？她就这样。"

学霸父母遇到"学渣"孩子，跟学渣父母遇到"学霸"孩子的概率是差不多的，只是我们更能接受那种"逆袭"的传奇，而往往

很难接受这种有落差的"平凡"。

如果你的孩子注定一生平凡，你能接受吗？我们总是希望孩子的人生能够足够完美，读最好的大学，做最好的工作，拥有一段最幸福的婚姻……可是还有很多孩子无论怎么努力，都显得那么平凡和普通，有一份普通的工作，有一个普通的家庭，过着普通的生活。

作家周国平在《把心安顿好》中写道：人世间的一切不平凡，最后都要回归平凡，都要用平凡生活来衡量其价值。伟大、精彩、成功都不算什么，只有把平凡生活真正过好，人生才是圆满。

平凡，是人生的常态。平凡的孩子依然拥有圆满的人生。

而我们为人父母，也需要去接受这种平凡，接受我们的平凡，也接受孩子的平凡。

工具 4 害怕清单

观察孩子害怕、不敢做的事情，及时发现孩子身上的短板，询问原因，根据需要去引导提升。

比如下面是四岁可乐的害怕清单。

害怕什么	原因	怎么办
怕蚂蚁	会追上自己	小时候不怕，分阶段性，不用在意
怕小伙伴不跟她玩	人际关系敏感期	带她找固定玩伴，告诉她不要总是妥协
怕动画片片段	那些片段有些恐怖，本能害怕	本能，不用在意
……		

害怕什么	原因	怎么办

跟孩子一起记录每天的"成功"，发现孩子的闪光点，激发孩子的自信。

下面是可乐的成功日记。

可乐的
成功日记

2021.5.22　周六 晴天

今天在游乐场攀岩，抓得很牢，速度也快，很勇敢。

去舞蹈培训班参加体验课。舞蹈动作学得快，做得标准。

早上背诵在幼儿园学习的《千字文》。可以背诵160个字了。

第

5

章

赋能：为孩子的人生助力

5.1 发现和挖掘孩子的"天赋"

　　我和可乐爸都来自农村，小时候没有上过兴趣班，也没有什么特长，每次填写简历的时候，特长爱好那一栏只能默默地写"读书""写作""旅行"之类的，所以可乐出生后，我们就达成一致，在孩子的兴趣培养上要舍得花钱花时间。

　　关于她学什么，我们讨论过无数次，女孩子嘛，得学跳舞吧，不一定非要跳出什么名堂，至少可以培养一下气质；还可以学一种乐器，我们在她两岁的时候买过一个小架子鼓，是我一直想学的，我梦想着跟她一起学习呢，不过至于她学不学架子鼓，换成钢琴还是小提琴，得看她自己了；还有游泳，这可以算是孩子的必备技能了，而且她早就展现出了对水的亲近；每次讨论这个话题，可乐奶奶都提议，一定要学跆拳道，可以保护自己，这一点对女孩来说真的很重要。

　　关于给孩子报兴趣班的问题，很多家长应该都有过讨论和设想，但是到底给孩子报什么兴趣班，有一个基本的原则就是：不要"如我所愿"，而要"如他所是"，多从孩子自身的天赋、兴趣上去引导和培养。

01 日常生活中多观察，发现孩子的"天赋"

每个孩子都有自己的"天赋"，需要父母有一双慧眼去发现。美国知名研究人员彼得·本森博士曾经提出一个"火花"的概念，他认为几乎所有的孩子都具备某种潜力——兴趣、热情、天赋，这种潜力就是他们的"火花"，这些火花需要被点燃才能释放出潜能。但是他也指出了一个让人心疼的事实，仅有四分之一的孩子得到了充分的发展，大部分家长没能让孩子们的"火花"燃烧，甚至没有及时发现孩子的"火花"。

那些微小的火花是有时效性的，错过了就真的再难找回来。而如果家长做一个有心人，用心观察的话，就会发现，其实那些微小的火花在那个当下，时时都在绽放着自己的光芒，等待着被发现。

哈佛大学心理学教授霍华德·加德纳提出的多元智能理论中，总结了八种智能，即音乐智能、身体运动智能、数理逻辑智能、语言智能、空间智能、人际交往智能、自我认知智能、自然观察智能。

孩子的天赋特征会在日常生活中自然流露出来，而这八种智能则为我们提供了八种方向。在培养孩子的过程中，我们应该有意识地带孩子多尝试不同的体验，并用心观察孩子是否在某些方面表现出与众不同的"天赋"：孩子是否对某件事表现出极大的持续的热情？某件事上，孩子是否比同龄人做得更快更好？

关于具体的操作，耶鲁大学的心理学教授罗伯特·斯腾伯格还提出了一个自测表，在自测表中，他列出了 20 条代表性的行为，以此引导家长对照评估孩子可能具备的天赋。《人民日报》在 2016 年 12 月 19 日的微博中对其进行了转载，并称之为"孩子潜能自查表"。在这里，我进行了重新梳理，以便家长朋友们更好地为孩子自测。

突出表现	可能具备的天赋类型
1.他在背诗和读有韵律的句子时很出色	左侧三条表现突出，孩子可能具有语言天赋
2.你如果用词用错了，他会给你纠正	
3.他能精彩地讲故事，能用语言描述听到的各种声响	
4.他唱歌时音阶很准	左侧三条表现突出，孩子可能具有音乐天赋
5.他喜欢听各种乐器，并能辨别它们发出的声音	
6.能准确记忆诗歌和电视里经常播放的乐曲	
7.他经常问诸如"时间从什么时候开始""为什么小行星不会撞到地球"这样的问题	左侧三条表现突出，孩子可能具有数学、逻辑方面的天赋
8.他经常会问"打雷、闪电和下雨"是怎么回事	
9.他善于把各种杂乱的东西按规律分类	
10.凡是走过一遍的地方，他很少迷路	左侧三条表现突出，孩子可能具有空间方面的天赋
11.外出旅行时，他能记住沿途标记，说我们曾到过这里	
12.他喜欢画画，可以形象逼真地勾勒各种物体	
13.他走路的姿势很协调，随着音乐所做的动作很优美	左侧三条表现突出，孩子可能具有身体运动方面的天赋
14.喜欢自己动手，很多东西都一学就会。比如很早就会系鞋带，很早就会骑车	
15.他特别喜欢模仿戏剧人物的身体动作、面部表情或台词	
16.他特别喜欢扮演什么角色或编出剧情	左侧三条表现突出，孩子可能具有自我认识的才能
17.他善于把动作和感情联系起来，譬如他说："我们兴高采烈地做这件事""我生气了才这样干的"	
18.对别人能完成与不能完成的事，他能做出准确的评价	
19.他很善于体察别人的心情，比如很注意父母高兴或忧愁时的情绪变化，并做出反应	左侧三条表现突出，孩子可能具有人际交往方面的才能
20.看见生人时会说"他好像某某人"之类的话	
21.他特别喜欢扮演什么角色或编出剧情（这条跟第16条相同）	

有温度的沟通，感受有温度的爱

我第一次对照这张自测表去寻找可乐的天赋时，发现了自己的一个误区。可乐对舞蹈很感兴趣，喜欢跟着音乐跳，看《超级飞侠》的时候，还兴奋地跟着包警长跳舞，在幼儿园学习舞蹈时也跳得又快又好，因而我们认定她在舞蹈方面有天赋，但我误以为喜欢舞蹈代表她具有音乐天赋，于是有意识地给她听歌，带她去参加音乐活动，但她对歌曲和乐器的兴趣真的一般，这让我一度有点不解。直到深入了解了多元智能理论后，我才明白，舞蹈是属于身体运动方面的天赋，进一步对照，她也的确符合：

随着音乐跳舞，节奏感强，学得快，记得牢。

家里的滑梯、秋千，她解锁了各种姿势，动作非常灵活。

喜欢模仿《小猪佩奇》《超级飞侠》《开心超人》《葫芦娃》等动画片中人物的动作、表情和台词。

我有个朋友的孩子超级喜欢看导航，外出游玩的时候都很乐意在地图上寻找并标记自己所在的位置，连上学都要自己琢磨出多条路线来，我刚听说的时候感觉挺奇特的，毕竟很少听说有孩子喜欢这个，后来对照了这张表格才发现，其实孩子是在空间方面具备一定的天赋。

在这张表的运用过程中，家长朋友们需要注意两点：一是我们可以参考这张表，但不要绝对依赖，还需要在日常生活中进一步观察孩子；二是孩子可能具备多方面的天赋，不要因为一点比较突出而忽略了对其他天赋的引导和挖掘。

02 挖掘孩子的"天赋"，培养孩子的兴趣特长

当发现了孩子在某方面的天赋时，我们如何做才不会让孩子的天赋被埋没，如何引导培养才能将这一天赋发展成为孩子的一种能

力或特长呢？

当孩子具备**语言**天赋时，我们平时可以有意识地丰富孩子的语言，比如多用形容词，对场景或事物多进行细节化描述。可乐语言方面的天赋也挺突出的，在接送她上学的路上，我们会一起描述路上的所见所闻，比如秋天到了，树上的叶子变黄了，随风飞舞飘落到了路上，踩上去沙沙地响。还可以鼓励孩子根据想象给家人讲故事、编故事。（作家、律师等通常有这方面的天赋）

当孩子具备**音乐**天赋时，可以给孩子多听音乐培养孩子的乐感和节奏感，可以和孩子一起唱歌，还可以带他去参加音乐活动，或给孩子报一个乐器班。（歌手、作曲家等通常有这方面的天赋）

当孩子具备**数理逻辑方面的**天赋时，家长要注意避开让孩子单纯地数数字，从 1 数到 100，那其实是死记硬背。在给孩子进行数学启蒙时，家长可以将数数跟具体的事物结合起来，比如数一数餐桌上的苹果。数学的启蒙，除了数数，还包括图形空间、分类、顺序排列、量的比较、规律等。（会计师、科学家、工程师等通常有这方面的天赋）

当孩子具备**空间方面**的天赋时，可以让孩子多玩一些积木、拼图、迷宫、彩泥、折纸等益智类的玩具或游戏，在绘画敏感期给予自由和空间，提升孩子的审美力。（画家、设计师、飞行员等通常有这方面的天赋）

当孩子具备**身体运动方面**的天赋时，可以多带他去室外运动，让孩子跟着父母打羽毛球、打篮球、跳跳广场舞，还可以根据孩子的喜好给他报舞蹈班、体操班、轮滑班、跆拳道班等。（舞蹈家、运动员等通常有这方面的天赋）

当孩子具备**自我认识方面**的才能时，他们往往能够自省，也善于自省，不仅如此，他们还会有自己的主见和规划，因而家长要多

有温度的沟通，感受有温度的爱

尊重他们的选择。（政治家、心理学家等通常有这方面的天赋）

当孩子具备人际关系方面的才能时，他们能够敏锐地识别他人的情绪，具备同理心，说话让人舒服，善于处理人际关系，具备较高的情商。我们可以多培养他的幽默感，给他提供一些人际交往的机会，比如带孩子参加公司年会；等孩子大一点了，还可以跟他一起读一些外交家的人物传记。（外交家、公关人员等通常有这方面的天赋）。

当你发现孩子在某些方面的天赋或者才能时，给孩子报兴趣班，请更为专业的人士给予孩子指导，这是很有必要、也非常值得投资的一件事情，只是如今兴趣班比较繁杂，我们该如何给孩子报兴趣班呢？下面三个问题值得关注。

（1）孩子多大可以报兴趣班？

目前的兴趣班分为语言类（朗诵、主持人等）、艺术类（画画、乐器、舞蹈等）、体育运动类（跆拳道、足球、轮滑等）、益智启蒙类（编程、棋类、绘本阅读等）。虽然没有一个统一的标准，但是大部分的兴趣班最好是在四岁以后报名学习，四岁以上的孩子身体发育趋于成熟，也有更好的认知力、专注力、坚持力。

对于一些启蒙类课程，比如绘本阅读，家长在孩子出生后就可以跟孩子一起亲子共读，而对于钢琴舞蹈等内容的学习，则尽量不要早于五岁。

（2）给孩子报什么样的兴趣班？

给孩子报兴趣班，要结合孩子的兴趣和"天赋"。

根据儿童心理学家孙瑞雪老师团队的研究，每个孩子在0~6岁会依靠一个又一个敏感期来成长和发展，包括视觉敏感期、空间敏感期、秩序敏感期、逻辑思维敏感期、绘画敏感期、人际关系敏感期等。在孩子敏感期到来时，家长应该努力抓住敏感期给予孩子引导和发展，进而完成一个个突破。

如果敏感期过了以后，孩子还表现出很大的兴趣和很强的"天赋"，那么可以带孩子多去参加试听课，在六岁前可以广撒网，多听不同的课程，让孩子自己选择想要继续上的兴趣班。

都说外行人看热闹，内行人看门道，在给孩子选择兴趣班方面，我们除了可以通过观察和不断尝试来发现孩子的兴趣、天赋，以此为依据来给孩子报班外，还需要多咨询一下专业人士。

可乐目前四岁多，我们比较佛系，上了线上启蒙课，试听了舞蹈、轮滑、架子鼓、跆拳道，给她报兴趣班的想法是：艺术类两个（已经选定了舞蹈、架子鼓），体育运动类两个（游泳、轮滑），益智启蒙类 1~2 个（亲子阅读方面，我一直在做亲子阅读，她的语言天赋不错，可以继续多阅读；数学启蒙方面，可乐爸在做引导，效果还不错；学校开设了国际象棋课，不需要额外报名）。

（3）兴趣班是为了扬长，而不是补短。

在纪录片《零零后》中，男孩锡坤（化名）喜欢一个人默默地做实验，但妈妈担心儿子交际能力差会影响未来发展，于是为了锻炼儿子，给他报了小主持人学习班、英语夏令营，最终却让儿子陷入尴尬中。有这种锻炼孩子、弥补孩子"短处"想法的父母并不少，比如有的觉得孩子一刻也坐不住，于是给他报了画画班，想磨磨他的性子，让孩子静下来。

报兴趣班是为了扬长，而不是补短。扬长，能够让孩子在兴趣—特长—兴趣—特长的循环中得到真正的发展，并保持着积极的状态和热情。补短，不仅会挫伤孩子的积极性和自信心，从某种程度上讲，它还是对孩子的一种不尊重，严重的话还会影响亲子关系。

有温度的沟通，感受有温度的爱

5.2 孩子想放弃兴趣班，顺其自然还是"逼"一把

给孩子报兴趣班后，遇到的最让人头疼的问题大概就是"孩子动不动就不想上了"。经常看到家长留言说"花几千块钱给孩子报了班，当初还是他自己选的，结果没上几天就不去了，说不喜欢，我该怎么办？""钢琴班才上了两节就喊苦，虽然我们也没想让她成为郎朗那样的钢琴家，可是不是还得逼一逼？"

到底是随孩子的心意放弃，还是"逼"着孩子继续上课？放弃吧，就怕耽误了孩子，将来他埋怨我们没有逼他学；真要逼他吧，又怕给孩子太大压力，万一孩子真不是那块料，继续学只会更痛苦。

亲子之间有一个很常见的分歧，就是一般情况下，孩子只关心当下的乐趣，而父母则要在享受当下的乐趣和未来之间进行权衡，试图让当下的选择有利于长期发展。这是父母的本能，无可厚非。那么当孩子哭着说"妈妈，我不想学钢琴了""妈妈，我不想学舞蹈了"，我们该怎么选择呢？

为什么我们对孩子的兴趣爱好如此执着？或许是因为我们曾经没有这样的机会，或者我们有很多"我本可以"的遗憾，我们不想让孩子像我们一样失去机会或者留有遗憾，于是想要通过"鸡娃"的方式为孩子创造一个更好的未来。

但是对于兴趣班来说，如果孩子没有兴趣，何来好好上课一说？在给孩子选择兴趣班的时候，一定要多尊重孩子的想法。如果一开始就是家长自己的想法，那么在孩子体验以后依然提不起兴趣，甚至想要放弃的时候，就别再勉强孩子了。

上面这种情况算是少数，更普遍的场景是，孩子自己觉得好玩有意思很喜欢，上了体验课感觉不错，报班前反复问了好几遍"真心喜欢上这门课吗？"孩子特别坚定地表示"非上不可"，结果却是没过两周，孩子就吵着不去了。

孩子不去一般分为三种情况，一是这门课程不是自己真正热爱的；二是自己怎么也学不好，极其缺乏天赋；三是觉得太累太苦了，不想学习了。

对于第一种情况，家长需要多理解和尊重孩子。很多时候孩子口中的喜欢可能是一种"假象"，跟我们理解的喜欢是有偏差的。真正热爱的东西，不是那么轻易就能找到的。孩子最初的喜欢可能是因为年龄小，对什么都好奇，声乐、钢琴、围棋、小提琴、足球、篮球、游泳、跆拳道……这些都给孩子新鲜感，他们渴望去尝试，什么都想学，想画出一幅漂亮的画，想像小天鹅一样翩翩起舞，想游得很快，可真正学习的时候却是另外一回事，基本功练习大多是枯燥无趣的，如果孩子没有足够热爱的话是很容易放弃的。当我们为孩子选择了一种兴趣班时，其实是给孩子提供了一次体验的机会，让孩子知道这门课主要学什么，进而做出选择，而不是在孩子不太了解的基础上家长强行为孩子选定一种，并强行让孩子接受。

对于第二种情况，你要承认孩子可能真的不擅长。一些诸如体操、体育舞蹈类的项目，确实是要看天赋的，在练习一段时间后，孩子是不是那块料一般都能看出来。一位朋友把儿子送去学了三个月的体育舞蹈，证明了一件事"孩子不是那块料"。可这又有什么关系呢，孩子不适合学习体育舞蹈，或许适合学习围棋，适合学习声乐呢。早一点放弃不适合的领域，就为找到适合的领域节约了时间和精力。

对于第三种情况，孩子不是不喜欢，也不是缺乏天赋，是遇到了点困难，怕累怕苦不想坚持，那这时候就需要家长在后面推孩子一把了，至于怎么推，我们在下面进行详细论述。

❤ 孩子不想上兴趣班，分三种情况进行回应

演员李亚鹏曾经聊到女儿李嫣学钢琴的一个小故事，李嫣很喜欢钢琴，学了五六年了，但是在一次考级中乐理知识没有过，很沮丧说不想学了，李亚鹏就跟李嫣说不想考了不想学了都没有问题，人生总是要面临一些放弃和失败。但他又问女儿："你才 12 岁，要不要让你人生的第一次放弃来得这么早啊？"

后来，李嫣继续学习，很快报名通过了考试。我们前面说喜欢可能是一种假象，其实不喜欢也可能是一种假象，它可能是孩子因为挫败而给自己找的一个借口，这时候需要家长重新帮他点燃心中的火花。

让孩子享受一定的"成就感"。成就感能给孩子带来自信，在学习过程中可以时不时地给孩子一点甜头。小外甥俊俊刚学机器人的时候，也是上了几节课就不想去了，原因是周末想出去玩。后来便与老师进行了沟通，老师说他逻辑思维能力很强，并带他去参加了一次比赛，成绩还不错，回来以后孩子不仅跟我们炫耀了自己的成绩，而且对机器人学习也恢复了热情，后来上课也特别积极。

分享自己的"糗事"。3~6 岁孩子比较典型的冲突是"主动感对内疚感"，在遇到小困难或者做不好的时候，会陷入一种"我怎么什么都做不好"的内疚中，这时候你越告诉他"没事""这也不是什么大事儿"，甚至帮他做了，他那种"什么都不会"的内疚感会越强烈。当孩子因遇到小挫折而不想学时，可以跟他分享一下自己的小糗事，让孩子觉得大人也不过如此，自己比妈妈小时候还厉害呢，以此激发他的小斗志。

更为精准的陪伴。在兴趣班上，考验的往往不是孩子的坚持，而是家长的坚持。我们给孩子报兴趣班，并不是把所有的一切都交给了老师和孩子，还需要家长一起努力。

我们刚刚上线上英语课的时候，可乐兴趣高涨，但是因为有些打分的设置，孩子的情绪会多变。比如平台会根据发音是否标准给予不同的评价：三颗星、两颗星、一颗星、再说一遍，孩子对这些评价秒懂，再说一遍的时候往往会不开心，这时候家长可以通过自己的发音来改善孩子的发音。学习的过程中家长还可以穿插各种小游戏，跟她一起玩耍，这样她的发音和对词汇的掌握就会好很多。

如果条件允许，家长可以跟孩子一起上兴趣班，我有个朋友家的孩子报了爵士鼓，她就跟着报了一个成人班，跟孩子一起练习一起进步，还能跟老师顺畅地交流。

带他参加相关的活动，长长见识。 兴趣班从来不是兴趣培养的唯一方式，不要只拘泥于上课，如果你的孩子喜欢天文，可以多带他去科技馆转一转，理论学习和实践相结合更能点燃他心中的火花；如果你的孩子喜欢美术，可以多带他去美术馆转一转，有条件的话还可以参观一些大的画展，带他长长见识。

在初学阶段和一些重要的节点上，比如考级，孩子更容易产生放弃的想法，学龄前和小学低年级的孩子尤为明显，对此家长要多用心，想办法做一些点燃火花、使火花燃烧更持久的事情，努力让孩子的第一次放弃来得晚一些。

03 别忘了选择兴趣班的初衷

给孩子报兴趣班存在两种规划路径，一种是体验一下这门学科或这类技艺，开阔一下眼界；一种是努力将其发展为一项特长。

对于那些想要孩子多一种体验的课程，不需要报昂贵的班次，也不需要对孩子多么严格，如果孩子不想学了，就可以放弃。可乐在幼儿园学习象棋，我们觉得不错，没有太多的期望，开阔一下思维也挺好，孩子放学回来后我们会跟她一起跟着老师发的视频学习走法，如果哪天她不想学了也可以不学。

而对于一些孩子有兴趣也比较有天赋的兴趣班，家长要多支持多坚持，必要的时候"逼"他一把，**从兴趣到特长，是要经过长时间的学习和练习的。**

主持人蔡康永曾经说过一段话，我觉得很有道理："15 岁觉得游泳难，放弃游泳；到 18 岁遇到一个你喜欢的人约你去游泳，你只好说我不会耶。18 岁觉得英文难，放弃英文，28 岁出现一个很棒但要会英文的工作，你只好说我不会耶。人生前期越嫌麻烦，越懒得学，后来就越可能错过让你动心的人和事，错过新风景。"

不要让孩子在未来后悔自己因为懒、贪玩而错过很多学习的机会和人生中的风景，也不要成为被孩子质问"我是小孩子不懂，为什么当初不逼我一下"的父母。

5.3 孩子说"妈妈，我不想上学"，父母该如何应对

　　昨天，妹妹在家庭群里发了一个视频，小外甥俊俊完美诠释了什么是"慢条斯理"。

　　妹妹说俊俊从早上起来就不想上学，于是能拖就拖。视频中，俊俊慢慢地把书本一本本放进书包，顺序错了再拿出来，重新整理一下再一本本放进去，拉上拉链。然后穿好鞋子，站在镜子前整理衣服，戴红领巾，重新系一下鞋带，背上书包，再整理一下红领巾，整理一下衣领，去喝口水，用湿巾擦擦嘴巴，之后又到镜子前整理起了衣服和红领巾……

　　孩子有不想上学的想法，这真的太正常了。我记得在一个妈妈群里，有一位妈妈曾吐槽说："我家孩子怎么天天都不想上学呢？"另一位妈妈调侃道："这说明你家孩子比较正常。"调侃的背后，道出了这个极具普遍性的事实。更让人哭笑不得的是，这些孩子的小脑袋瓜能找出 100 个不上学的理由：

　　"妈妈，今天是你的生日，我不去上学了吧？"

　　"妈妈，我的肚子有点疼，今天不去幼儿园了吧？"

　　"妈妈，我不想去上学，我想你了怎么办呢？"

孩子要不要上学？当然要，答案是肯定的。只有上学，只有读书，才会有更多的见识，才会拥有更多的人生选择权，才有能力、有机会去追寻自己想要的生活。但是，在每一个当下，孩子因为这样那样的原因，总有不想上学的时候，此时他们需要的，可能不是那些人生大道理，而是父母的理解和倾听。

面对"要不要上学"的问题，我们只有一个答案：读书，才会让你的人生更有意义，而面对"想不想上学"的问题，我们却可以给孩子提供 1000 种不同的解决方案。

01 刚入园的孩子：引导他们适应分离

每年入园季，幼儿园门口都是"哇"声一片，天天上演琼瑶剧，那撕心裂肺的哭喊声，听得人心疼不已。为了不上幼儿园，孩子们也是天天花样百出，简直"戏精"附体。

"妈妈，今天会下雨，不去幼儿园了吧？"

"妈妈，太阳公公今天休息，幼儿园没有太阳，我怕黑。"

"妈妈，我有点咳嗽，老师说生病了就不能去幼儿园了。"

一个个"戏精"的背后，又总是听来让人不舍，他们正面临着人生中第一次巨大的挑战：分离焦虑。突然离开熟悉的家去到一个陌生的环境中，没有爸爸妈妈的陪护，只有陌生的小朋友，陌生的老师，孩子会害怕，会担心"妈妈是不是不要我了"。

说实话，别说孩子，就是家长也很难适应这种分离。记得可乐刚去幼儿园的时候，我内心真的是一万个不放心，不知道她在幼儿园能不能应付得来，会不会不知道怎么跟老师说上厕所，会不会跟小朋友吵架，中午特别焦急地等着老师在家长群里发照片，尽量早点接她放学。但是我没有在孩子面前表现出这种担心和焦虑，孩子的适应能力其实比我们想象得要强很多，大概两周的时间，她便完全适应幼儿园的生活了。

在可乐入园前，为了让她适应人生第一次分离，我做了很多准备工作。

做好孩子的心理建设。孩子之所以会焦虑，更多是因为自己突然面对一个陌生的环境，内心充满了紧张和害怕。幼儿园就在我们家附近，在可乐入园前，我有意无意地带她去幼儿园附近转转，跟她说：

"哇，这个学校真漂亮！

"哇，这个学校有好多玩具啊！

"听说这个学校有好多好吃的。

"这里这么多小朋友，可以一起挖沙子，一起滑滑梯。"

从而在孩子内心唤起了对这所幼儿园的向往，为她将来入读做好了心理建设。

培养孩子的自理能力。孩子需要的不仅仅是接纳，还需要父母伸出援手，帮她建立起面对分离的能力，让她可以适应短暂的分离，可以在跟父母分开后照顾好自己。

自己吃饭、自己睡觉、能够很好地表达自己的需求、可以跟别的小朋友进行交流……倘若孩子在这些方面能力不足，那么当她置身于一个陌生环境时会更紧张。这些能力，是他们更好地适应集体生活的利器，而家长，则肩负着让孩子学会并具备这种能力的使命。

为孩子搭建适应集体生活的桥梁。若有机会，可以让孩子先跟一个或几个同学一起玩耍，在入学前成为很好的玩伴、朋友……如此，他便能更自如地应对陌生的环境和生活。可乐所在的幼儿园，大概一半的学生都是我们小区的孩子，因而在开学前，可乐就跟班上的很多孩子都认识了。

孩子入园后的第一个月，尤其是第一周，也非常关键。每天早上送可乐去幼儿园，我都会给她一个魔法亲亲，告诉她"想妈妈的时候拿出来，就知道我也在想你喔"，那个印在掌心的亲吻，是一个爱的印记，传递着妈妈的爱，可以帮她抚平心中离开妈妈的焦虑和恐慌。每天接她回来后，我会通过角色扮演等方式向她了解学校里的情况，叮嘱她有任何事情都可以找老师。

初入幼儿园，老师们会非常用心地帮孩子们缓解焦虑，家长要多配合老师的工作，跟老师多沟通，一起帮助孩子尽快地适应幼儿园生活。

02 学龄前的孩子：引导他们享受集体生活的乐趣

幼儿园的孩子在适应了分离后，依然有各种不想去上学的理由，学校的玩具不好玩、学校的饭菜不好吃、中午不想睡觉、同学之间有了小冲突、就想跟妈妈在一起……这时候需要我们**根据孩子的喜好，引导孩子多享受上学的乐趣。**

引导孩子多参加集体活动。可乐所在的幼儿园举办过《论语》诵读挑战吉尼斯活动，爸爸妈妈都可以参加，还举办过早操比赛，我去做了评委，能够深切感受到孩子的认真和用心，以及强烈的集体荣誉感。

引导孩子爱上学校生活。可乐所在的幼儿园每周周五都有一个玩具分享日，这是她在幼儿园最爱的一个项目。她几乎每天都在盼周五的到来，因为到了那一天就可以分享玩具了。为了迎接周五，我们每周都会给她准备一个新的玩具，有的是买的，有的是手工做的，还有的是跟好朋友交换的。她对周五有了期待，自然就会喜欢去学校。

还可以用一些游戏的方式来增加孩子上学的趣味。作家刘继荣

有温度的沟通，感受有温度的爱

曾经提到自己和儿子之间的小互动。她和儿子在上学和放学的时候，会有一段创意满满的表演。比如，儿子进校门的时候，会很庄严地宣称"我去拯救阿尔法星球了，妈妈保重"，然后开开心心地去学校。而儿子放学以后，妈妈刘继荣会给他一个大大的拥抱，并大声地宣布："我谨代表妈妈，欢迎你回地球"。

我看到这段描述后，也试着跟可乐进行了这样的小互动，没想到她喜欢得不得了，我们会根据看过的动画片变换形式。比如跟她说"佩奇，羚羊夫人今天给你们准备了一个派对，小羊苏西已经到了，你也去吧"，她会欢呼雀跃地跟我告别："再见，猪妈妈。"再比如她会假装拿出一个勋章说"呼叫歌德"，我就扮成校巴歌德把她送到学校，跟她说："再见，亲爱的可乐，我有点想念我的泡泡浴了。"她就说"再见，歌德"。

03 小学后的孩子：引导他们懂得读书的意义

孩子上了小学以后，很多时候不想上学是因为他在学习上遇到了困难，跟同学闹了别扭，不喜欢某门课程的老师……**这些问题需要跟孩子沟通清楚并一起寻找解决方案。**当然，孩子不想上学，也可能只是像我们"不想上班"那样，单纯地不想去学校，没有体会到上学的意义，觉得上不上学都一样，因而要注意**引导孩子懂得读书的意义，并找到自己的梦想。**

电影《银河补习班》中，男孩马飞从小就比别人慢半拍，考试经常考倒数第一名，一度破罐子破摔，不想上学。后来，离开多年的父亲马皓文回来了，问儿子："你有没有想过长大后要做什么？"儿子不假思索地回答："清华北大呀，我妈说的，认真学习，就是为了考清华北大。"而他告诉儿子："清华北大只是过程，不是目的。人生就像射箭，梦想就是箭靶子，如果你连靶子都找不着的话，每天拉弓有什么用？"

没有梦想的马飞体会不到读书上学的意义，而当他找到自己的"飞机梦"时，也找到了读书的意义。那个曾经考不好，也不想上学的马飞在"飞机梦"的激发下，一步步朝着自己的梦想前行，成为飞行员、宇航员。

我曾经看过一个采访视频，记者问一位 21 岁的外卖小哥："如果可以回到从前的话，你最想回到多少岁？"这位外卖小哥毫不犹豫地说："最想回到上学的时代，因为送外卖太辛苦了，回去以后能够好好学习知识，不再这么辛苦，找一份好一点的工作。"

职业没有高低贵贱之分，但读书至少可以给你自主选择的权利，而不是被迫谋生。读书，或许不是唯一的出路，却是成长、提升、突破的最佳途径。学校如同一个万花筒，为你呈现出五彩缤纷的世界，助力你解锁各种新技能，成为一位战士，一名舞者。

有温度的沟通，感受有温度的爱

5.4 见过世面的孩子，到底有什么不一样

　　为什么要带孩子见世面？见过世面的孩子到底有什么不一样？有个知乎网友的回答引发了很多人的共鸣：会讲究，能将就，能享受最好的，也能承受最坏的，会在人群中散发着不一样的气质，温和却有力量，谦卑却有内涵。

　　对这种说法，我深表赞同，同时，我也特别羡慕这些见过世面的人。他们见过广阔的天地，知道这个世界的纷繁复杂，因而格局更大，眼光更长远；他们见过芸芸众生的模样，知道这个世界的多元和丰富，因而不以物喜，不以己悲，包容度更高，也更加谦卑；他们见过百态人生，知道不完美才是常态，因而面对困境更加从容，面对诱惑也更加坚定。

　　带着这样的期许，让孩子多出去见世面长见识，成了我们这一代父母的共识。可每次聊起让女儿多见世面时，朋友们总会来一句"世面都是用钱堆起来的，好吗？""你还真以为自己家财万贯呢，没事来个环游世界啊"。

　　有钱是可以带孩子去环游世界，去见更大的世界，可是，见世面从来都不是有钱人的专属。我们大多数普通的父母只要尽自己的可能带他去见识世界的不一样就好，其实即使不能带孩子去亲眼看世界，也可以把世界带到他的面前。

01 多读书，见识世界的广阔

读万卷书，行万里路，当我们无法带孩子行万里路的时候，可以先让孩子读万卷书。读书，可以让孩子更便捷更系统地去汲取几千年来留下的文化遗产，他们虽然无法亲自听苏格拉底、孔子、孟子等先人的高谈阔论，却可以通过读苏格拉底语录，通过读《论语》，穿越时空，感受他们的智慧。

张泉灵老师认为，对于孩子来说，当下让世界长大的最好方法就是阅读，书里藏着别人的世界，你读懂了，你的世界就得到拓展了。

孩子们读《西游记》，不仅可以听到有趣的故事，领略取经路上不同的风土民情，感受他们一行四人的师徒之情，还可以学习写作的技巧。孩子们读《水浒传》，不仅可以从108位英雄的故事中感受人生百态，还可以通过别人的故事丰富自己的人生体验，学习他们在困境中不放弃的精神，坚持心中的信念。

读书，除了让孩子读名著，读所谓"有用"的书，更要尊重孩子的喜好。有一次跟可乐一起去书店，看到一个小男孩一直在跟妈妈说："妈妈，我想要买这本恐龙百科全书，上面不仅介绍了很多种不同的恐龙，还有一些关于恐龙身世的大揭秘，我超级想看。"男孩的妈妈却对儿子的要求置之不理，说："恐龙有什么好看的，我们是来买作文选的，你这次作文得分太低了。"说着给他买了那本作文书，拉着孩子走了。孩子看自己喜欢的恐龙书、关于小汽车的书、关于太空飞行的书，其实都是在增加自己的知识储备，这同样也是在长见识看世界啊。

有温度的沟通，感受有温度的爱

02 多旅行，见识世界的多元

读了万卷书，还要行万里路，这样你才会对书中的世界有更真实的体验。朋友跟我讲过一个旅行的小故事，他们自驾去内蒙古大草原，在车上特意跟儿子背了那首《敕勒歌》：敕勒川，阴山下。天似穹庐，笼盖四野。天苍苍，野茫茫，风吹草低见牛羊。

可是在路上，他们一直没有看到那样的场景，草原上的草有的长得非常高挺，有的又很低矮，怎么看也没有"风吹草低见牛羊"的场景，直到他们见到了第三种草，这种草柔软且长，随风一浪又一浪地飘舞，此时他们站在高处，终于看到了远处牛羊低头吃草的画面，儿子兴奋地说："这就是风吹草低见牛羊啊！"

多走走，多见见，孩子就可以感受到不一样的风景；多走走，多见见，在他惊讶世界的多元和神奇的同时，才会慢慢积攒"只是风景不同而已"的底气。我出生在内陆城市，自小对大海充满了向往，也有了一份执念，希望以后能生活在海边，天天坐在沙滩上看潮起潮落。后来我定居青岛，步行 10 分钟就可以到海边，可并没有天天去海边，时间长了会觉得只是风景不同而已。一份执念，只是因为从来没有见过而已。

不要说孩子还太小，记不住，他们不需要记住什么具体的事物，但是那种成长是潜移默化的。可乐出生后，我们每年都会安排 1~2 次旅行，带她去过曲阜、连云港、南京、平遥，她可能记不住孔庙盛大的开城仪式，记不住花果山上的猴子，记不住秦淮河两岸的风光，记不住平遥古城大街的地下金库，却感受到了各个地方不同的风土民情，在盛大的孔庙仪式中感受到了传统文化的魅力，在爬山的过程中学会了坚持，在景点排队过程中学会了等待和礼貌待人，享受到了来自陌生人的温暖和善意。

我记得在南京秦淮河排队的时候，当时是盛夏，特别热，汗水浸湿了衣服，队伍排得很长，大家都在等着赏秦淮河的夜景，可乐等到后面有点烦躁了，有个10岁的小姐姐送了我们一把小扇子，还陪着可乐玩耍，分散注意力，一直到我们上船。

旅行也是一次亲子之间深度联结的机会，一起讨论旅游路线，一起欣赏美景，一起品尝当地的特产，哪怕是一起说说笑笑，那份彼此的陪伴会在孩子心中留下一段美好的回忆，即使将来走遍万水千山，总有一份温暖的陪伴留存心底。

03 多体验，见识世界的真实

能享受最好的，也能承受最坏的，那说明孩子见过世界的好，也见过世界的坏，见过世界的真实，自然更能适应这个世界。

他可以行走在繁华的都市，闻着咖啡的清香，也可以在田间怡然自得地嬉戏，种玉米，追蝴蝶，看蒲公英的种子飞向远方，在菜园浇水施肥，摘豆角、挖土豆。

他可以坐在舒适的汽车里，一路奔驰，也可以骑着自行车兜风，还可以去乡下的老家感受一下拖拉机、三轮车。可乐每次跟着我回娘家，最喜欢坐的就是姥爷的三轮车。

他可以坐在画室涂鸦，也可以去林间写生，画绿绿的小草，画红红的花，画有点发黄的树叶。

他可以穿着精美的礼服，盛装出席晚会，也可以坦然地穿着最简单最朴素的衣服，在工地上帮父母做饭。

我们把世界带到他的面前，让他见识真实的世界。只有有了各种各样的体验，他才不会因为突如其来的诱惑而忘记自己的初心，不会因为突如其来的困境而慌乱纠结一蹶不振，他更能发现自己想

有温度的沟通，感受有温度的爱

要什么，什么样的人和事更适合自己，因而更懂得选择，有自己的判断，也更有主见。

薛兆丰教授举过一个例子，他说，我们这个世界有 70 亿人，假设有一口大缸中含有 70 亿颗绿豆，有两颗红豆是彼此一生中的唯一，放进这 70 亿颗绿豆中，不断地搅拌。这两颗红豆相遇的几率有多大？几乎不存在。可是当我们走过更多的路，看过更多的风景，遇到另一颗红豆的几率会不会更大？即使这一生我们都遇不到那个"唯一"的红豆，至少，我们可以在更大的范围内去选择一颗"更适合"的绿豆。

这个例子适用于感情，也适用于人生。当我们见过天地的广阔，见过众生的百态，找到最本真的自己时，我们便会发现，无数个我们曾经以为的"唯一"，原来并没有那么重要。

5.5 想要孩子拥有完美的人生，从选择力的培养开始

先问大家一个问题：如果可以为孩子一键定制完美人生，你会按下按钮吗？这是来自辩论类综艺节目《奇葩说》的一道辩题，辩论双方各抒己见，唇枪舌剑。

如果选择按下按钮，那么它将承载着父母对孩子最大的期盼和呵护，希望孩子能够一生顺遂，避开所有的坑和可能的伤害，过着父母所能畅想出的最完美的人生，学业、事业、友情、爱情、亲情等方面都很完美。而有的父母之所以选择不按下按钮，一个很重要的原因是，因为经历的不同，眼界的受限，父母所认为的完美人生，或许并不是孩子想要的完美人生。

到底怎样的人生才算完美人生呢？我很喜欢黄执中的描述："在人生的时时刻刻，永远都尽可能地保有最多的选择权，时时有选择，路路有回转，就是完美的人生。"这样的人生既能体验各种人生经历，又不会吃太多的苦头，这种"完美人生"的诱惑太大了，作为一个妈妈，我真的心动了，希望真的存在一个这样的按钮，为孩子按下去。

然而，这世间并不存在这样的按钮，身为父母的我们，即使倾尽所能也不可能为孩子铺好每一步人生路，不可能在每一个时刻都为他

有温度的沟通，感受有温度的爱

做真正适合他自己的选择。但倘若孩子自身具备了一定的选择能力，能够在面对选择时选出一个相对正确的选项，是不是就可以了？

01 会选择，有多重要

读书的时候，做单选题是比较淡定的，通常通过排除法和自己的知识积累基本都能够做出来，即使稍有不慎选错了也不会太心疼，毕竟分值比较低。但做多选题就会纠结很多，不定项选择，不知道有几个正确选项，不管是多选还是漏选都不得分，而且分值往往比较高，因此迟迟不敢答题。

而到了人生的很多选择上，就更难更纠结了。这一生除了生死，我们会面临大大小小的选择：

童年的时候，玩什么样的玩具？报什么样的兴趣班？跟哪个小伙伴做好朋友？

高中文理分科，选文科还是理科？高考填志愿，选哪个城市哪个学校哪个专业？

恋爱的年龄，选那个爱你多一点的，还是你爱他多一点的？

毕业后找工作，选择进入体制还是去大城市闯荡，抑或是创业……

这些选择里面，有些很大的选择，也有一些看起来不起眼的选择，但其中很多选择都有可能决定一生。陶杰在《杀鹌鹑的少女》中曾经写道："当你老了，回顾一生，你会发觉，什么时候出国读书，什么时候决定做第一份职业，什么时候选定了对象而恋爱，什么时候结婚，其实都是命运的巨变。只是当时站在三岔口，眼见风云千樯，你做出选择的那一日，在日记上相当沉闷和平凡，当时还以为是生命中普通的一天。"

足以见得选择的重要性。我们听过很多诸如"选择比努力更重要"

的鸡汤，我们不去争辩到底哪一个更重要，但是正确的选择会让你的努力更有价值，也更有意义。

02 孩子不会做选择，背后藏着什么原因

会选择如此重要，可是真正拥有"选择力"的孩子太少了，到底是什么原因造成的呢？看一看身边的孩子，他们大多出于下面这两个原因。

（1）习惯了父母的"包办"

前年，表弟去外地读大学，需要准备很多的生活用品和衣物，我们带他去商场里挑选的时候，惊讶地发现，他连自己喜欢什么样的衣服都不知道。

那时候才知道他从小到大，一直到高中，不管是牙膏牙刷，还是衣服鞋子，去哪个辅导班上课，选择文科还是理科，包括这次去读师范学校，所有这些都是父母包办的，他从来没有自己做过选择，也从来没有选择的机会。

凡事都父母"包办"，从来没有主动做出过选择，没有经历过任何的磨炼，又何来选择力之说呢？

（2）怕选错而不敢选

很多人在面临选择的时候迟迟不肯做决定，甚至自嘲有"选择恐惧症"，不是不会选，而是不愿选，害怕自己的选择是错的，从而逃避选择。

我在很多朋友的眼里，是个特别谨小慎微的人，哪怕是很小的选择，也要纠结来纠结去，生怕踏错一步，他们总嘲笑我有"选择

有温度的沟通，感受有温度的爱

恐惧症"。事实上，我小时候算是个有主见的人，但是自从高考填报志愿失误以后，我就特别害怕做选择，我怕因为我的一个选择而产生连锁反应，最终带来让我无法承担的后果。

03 培养孩子的选择力，试试四叶草法则

第一片叶子：放手让他自己做选择

孩子在两岁左右的时候就有了"我自己来"的意识，这时候试着放手让他自己做一些选择，可以从穿哪件衣服、买哪个玩具、戴哪款发卡、要不要上厕所开始，这个过程中，家长要"忍"着不插手。

也许是因为自己的经历吧，我特别注重可乐"选择力"方面的培养，也很早就放手让她自己做选择了，目前一些衣食起居上的问题，她大多自己来做决定，我们每年的外出旅行计划，也会邀请她跟我们一起来完成。

经常做选择的孩子，不仅可以在选择的过程中提升自信和自主感，变得越来越有主见，而且也能慢慢地从中总结出自己的选择标准和原则。

第二片叶子：错了也没关系

犯错，是孩子成长过程中必然存在的一种经历，更是一个"尝试做选择"的孩子必然要面对的结果。

孩子犯了错，如果面对的是批评和谴责，那么他可能会因为害怕犯错，或不敢承担犯错的后果，下次再有选择的机会也不敢轻易地做出选择。而如果孩子犯了错，面对的是拥有"容错心"的父母，跟他一起寻找出错的原因和解决的办法，一起承担后果，那孩子不仅能够学会化解困境、承担责任，还能增强"做选择"的底气。

在放手让孩子做选择的过程中，家长应该包容孩子，允许孩子

在安全和底线范围内犯一些错，面对孩子的错误或失败，微笑着告诉他"错了也没关系，我们继续加油"。

第三片叶子：了解世界的广阔

可乐两岁的生日蛋糕，选择的是挖掘机的样式，因为在那个阶段，她痴迷各种车，挖掘机、警车、消防车、搅拌车等，最喜欢的就是挖掘机。

三岁的生日蛋糕，她选择的是小猪佩奇的样式，因为那时候她开始接触动画片《小猪佩奇》了，超级喜欢小猪佩奇。

四岁的生日蛋糕，她又换成了爱莎公主的样式，还由一层的蛋糕换成了两层的，那是因为她开始喜欢爱莎公主，穿爱莎公主的裙子，梳爱莎公主的发型，蛋糕自然也要选爱莎公主的；同时，她在幼儿园的时候，看到别的小朋友的蛋糕是两层的，于是知道了小朋友的蛋糕也可以做成两层，而不只是一层。

你看，某种程度上，孩子眼中的世界是什么样的，就会做出什么样的选择。多带她去见识更广阔的世界，这样她在做选择的时候，就不会那么"局限"了。

第四片叶子：了解自己

还记得疫情期间，大家都窝在家里聊孩子的日常，妹妹每次听到可乐在看绘本，她就会"嫌弃"玩乐高的儿子，批评儿子"多学学妹妹，多读点书"。终于有一次，我的小外甥开始反抗了："妹妹喜欢读绘本，我喜欢乐高，每个人都有自己的兴趣爱好，为啥非要强迫我呢？"

我觉得小外甥说得很有道理，而且他对自己的喜好很了解，也很坚持自己的选择，这一方面是值得赞赏的，同时，这份"坚定"也是我们很多成年人所不具备的。

我们终其一生，都是在成为更好的自己。不会做选择，不知道

有温度的沟通，感受有温度的爱

怎么选择，背后的原因，究其根本还是不知道自己喜欢什么、对自己不够了解。只有了解自己，才能更好地去接纳自己、喜欢自己、实现自我价值。只有充分了解自己，才能真正激发内在动力，去追寻自己喜欢的人和事，并在坚持中书写自己喜欢的人生。

　　四叶草的生命力极其强大，代表着幸运和希望。希望这个"幸运草法则"的运用，能够给更多的孩子带来幸运，助力他们拥有一段"时时有选择、路路有回转"的人生。

家长可以根据斯腾伯格的天赋自测表，以及自己的日常观察，帮助孩子锁定更适合她的兴趣班。

比如可乐的兴趣班导航法总结如下。

天赋类型	观察日记	兴趣班试听	结论
身体运动	喜欢跳舞，学得快，跳得好；攀岩、高空拓展等项目中，胆子大、动作灵活；动作模仿能力超强	舞蹈试听效果好；跆拳道兴趣一般；喜欢轮滑，但是就近没有合适班次	报名舞蹈长期班次；暑假集中学习轮滑
语言	讲故事时会运用多种形容词和成语，故事情节完整有趣，想象力丰富	口才课和小主持人班	继续加强亲子阅读，不需要报班
音乐	节奏感强，有力量，但是乐感和音准一般	试听架子鼓和小提琴，学校有古筝课，比较下来更喜欢和适合架子鼓	报名架子鼓启蒙课程

天赋类型	观察日记	兴趣班试听	结论
语言			
音乐			
数学逻辑			
空间			
身体运动			
自我认识			
人际关系			

有温度的沟通，感受有温度的爱

1. 可以以"周"为单位，记录日常执行情况。

第一片叶子：放手让他自己做选择

第二片叶子：错了也没关系

第三片叶子：了解世界的广阔

第四片叶子：了解自己

2. 也可以设定一个小目标，在设定期限内，每天记录执行情况。

第一片叶子：放手让他自己做选择

第二片叶子：错了也没关系

第三片叶子：了解世界的广阔

第四片叶子：了解自己

第

6

章

滋养：营造温暖有爱的成长环境

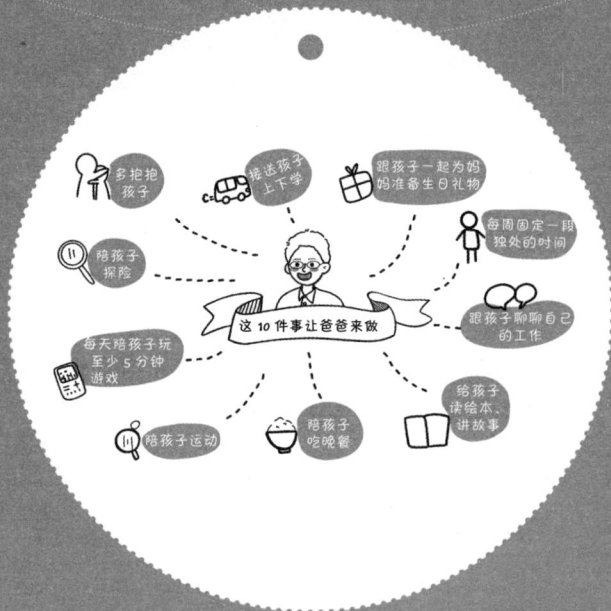

这 10 件事让爸爸来做

多抱抱孩子

接送孩子上下学

跟孩子一起为妈妈准备生日礼物

每周固定一段独处的时间

陪孩子探险

跟孩子聊聊自己的工作

每天陪孩子玩至少 5 分钟游戏

给孩子读绘本、讲故事

陪孩子运动

陪孩子吃晚餐

6.1 没有一百分的妈妈，只有"孩子喜欢"的妈妈

春节翻出家里的老照片，看到我妈 18 岁的样子，都不敢认，那么年轻，那么俊俏，完全不是印象中妈妈的样子。我跟妈妈说，要是没有吃那么多苦，或许如今就不会有那么多的白发，不会有那么多的皱纹，更不会有那么多的伤痛。我妈笑笑说，不吃那些苦，哪里有钱供你们读书，现在看着你们上大学、工作、结婚、有了孩子，不是也很好吗？语气里不带有一丝遗憾，充盈着满满的知足和幸福。

我的妈妈是她们这一代人的缩影，在 20 多岁的年纪，结婚生子，做了妈妈，开始了长达几十年的奔波。孩子读书的时候，她们要想办法赚钱供孩子上学，毕竟 80 后没赶上免费接受九年义务教育的机会，中小学都需要交学费；孩子结婚生子以后，她们又变身"迁徙"的老人，远离熟悉的家乡和朋友，奔波在陌生的城市中照顾孙子孙女。

因为是妈妈，即使怕黑喜欢哭鼻子，也要一秒钟变身披荆斩棘的勇士；

因为是妈妈，即使受尽了委屈满身伤痕，也要时刻对孩子保持微笑和耐心；

因为是妈妈，即使累了半辈子想要休息一下，也要打起精神继续帮孩子"扛"起未来。

爱孩子是每一位妈妈的本能，而成为一个足够完美的妈妈，也不知不觉中成为很多妈妈的目标。我曾经也是一个事事追求完美、想要达到 100 分的妈妈。

01 被完美捆绑的妈妈

还记得刚知道自己怀孕的时候，我就买了很多胎教育儿方面的书籍，严格按照书上所说的给可乐进行胎教，哪个月份听什么样的音乐，讲什么样的故事，吃什么样的食物，总觉得要尽自己最大的努力为孩子提供最好的成长环境。

等到可乐出生后，这种努力更是一发不可收拾：在甄选纸尿裤、辅食碗、衣服等方面花费了大量的时间，担心随手买的东西某项指标会超标，影响孩子的成长发育；母乳喂养能够提高孩子的抵抗力，于是很多东西虽然我不喜欢吃，比如骨头汤、猪蹄汤，但还是强忍着逼迫自己每天喝，只为了能够生产足够的奶水；为了更好地陪伴她，我辞去了工作，成为全职妈妈，几乎把所有的时间和精力都给了可乐，试图给她更多的陪伴和安全感。

当可乐对我表现出无条件的信任和爱时，我充满了成就感，却也常常陷入一种"内疚"中。记得可乐七个月大的时候，我因为吃了刚从冰箱里拿出来的食物而得了急性肠胃炎，可乐不得不暂停母乳喂养，我当时躺在病床上不断地责怪自己，责怪自己贪吃导致孩子吃不上母乳。在可乐二十个月大的时候，我腿疼难忍，尤其是她一吃奶我就腿酸，于是不得不给她断奶，但其实我原计划是在她两岁的时候给她断奶的，这四个月的时间差使我陷入一种自责中。

不管你做得多么好，你对孩子照顾得多么周全，孩子都免不了会生病，会有磕磕碰碰。后来回想那段岁月，我才发现那时候心中已经完全没有了自己，以致后来身体不适找中医调理，医生责怪我对自己的关心太少了。

被完美捆绑的妈妈，不仅弄丢了自己，还会陷入家人的"苛责"中。在全职陪伴可乐的过程中，我读了很多育儿书，包揽了可乐大大小小的事情，做辅食、洗衣服、读绘本、玩游戏，时间久了，家里人会觉得我对可乐的照顾是理所应当的，偶尔做得不好就会成为不称职的妈妈。可乐有次发烧，我执拗地表示不用去医院，在家给她物理降温就好，可是后来烧虽然退了，但咳嗽一直没好，嗓子发出"吼吼"的声音，等带她去医院，医生表示得赶紧雾化治疗，可乐爸就开始埋怨我"自以为是"，说要能早一点带孩子来医院看看的话，早就好了，不至于还要做雾化。

我找闺蜜倾诉的时候，她说我这是小巫见大巫，她家孩子别说生病了，但凡出点问题，比如跟别的小朋友打架了，考试考不好了，也都是她这个妈妈没有做好。

现在很多家庭无形中都要求妈妈能达到 100 分的状态，既要兼顾家庭和事业，照顾好孩子的衣食起居，也要用科学育儿的方式教育出一个 100 分的孩子。

02 一个 100 分的妈妈，很难养出 100 分的孩子

一个 100 分的妈妈，是很难培养出 100 分的孩子的。儿童心理学大师温尼科特提到一个概念"good enough mother"，翻译为"足够好的妈妈"，这里的"足够好"并不是要求妈妈做 100 分的完美妈妈，而是"刚刚好"的意思，即做一个 60 分妈妈就可以了，在做妈妈的过程中，你可以失掉 40 分。

滋养：营造温暖有爱的成长环境

这失掉的 40 分，既给孩子留出了成长空间，同时也给妈妈留出了做自己的机会。

一个没有获得自由探索和成长空间的孩子，事事都需要妈妈包办，那他又怎会真正长大呢？生态学中讲究平衡，其实亲子关系中也讲究平衡，当妈妈太强大了，孩子自然会"变弱"，而妈妈"变弱"了，孩子自然会变强。如果孩子一直没有自己探索失误的机会，那么他很可能会变得胆小没有主见，缺乏独立能力，除此之外，还可能会变得玻璃心，即便遇到点小困难也会将其无限放大而最后自暴自弃。就像前面我们提到的《黑镜》中的那个小姑娘 Sara，她完全生活在一个妈妈为她精心制造的童话世界中，几乎没有碰到过危险的东西，又怎会具备评估风险和保护自己的能力呢？

一个丢失自我的妈妈，看似无私伟大，实则是"自私"的，孩子很难获得幸福。孩子不是我们的全世界，我们应该有自己的生活。妈妈只是我们的一种身份，除此之外，我们还是妻子、员工、朋友，更是我们独一无二的自己。倘若一个女人只变成了"涵涵妈""乐乐妈"，她所有的喜怒哀乐全部押在孩子身上，那么更容易对孩子苛责，这样反而会破坏亲子关系。

做全职妈妈的那段时间，我兴致勃勃地做着自己想象中的"贤妻良母"，却一度陷入产后抑郁中。我的社交圈子一下子小到只有家那么大，孩子的一举一动会让我患得患失，孩子今天表现好了，我会很开心，孩子明天表现不好了，我就会很焦虑，孩子为什么会有这种表现？是哪里出问题了吗？老公被我唠叨烦了，建议我给自己找点事情做，后来孩子也不喜欢跟我一起玩了，总是黏着爸爸。我的存在感一下没了，这让我更加失落和压抑，开始失眠，整晚整晚地睡不着，孩子在这种压抑的氛围中也变得越发敏感。

还好，后来我开始写作，慢慢找回了自己，生活重新变得美好起来，自己的状态好了，家里开始充满了欢乐，亲子关系也融洽了。

就如同张怡筠博士所说的那样，你越时髦，孩子越自信；你越有进取心，孩子越勤奋；你越坚持做自己，孩子越独立；你越懂得付出爱，孩子越阳光。**妈妈富养自己，时刻保持一种美好的状态，才是对孩子、对家庭最好的富养。**

❇ 60 分妈妈 VS 100 分妈妈

03 做一个孩子喜欢的 60 分妈妈

韩剧《请回答 1988》中有段旁白曾引发无数共鸣："听说神无法无处不在，所以创造了妈妈。即使到了妈妈的年龄，妈妈的妈妈仍是妈妈的守护神。妈妈这个词，只是叫一叫，也觉得喉间哽咽。妈妈，最有力量的名字。"

我们想要做孩子的守护神，守护着我们的孩子，可是，孩子需要的从来不是一个 100 分的完美妈妈，而是一个可能有点笨、有很多事情不会做、却爱着自己给自己自由的 60 分妈妈。

（1）第一次做妈妈，可以有很多事情做得不够好

有一个《我的不会妈妈》的暖心小短片，从一个孩子的视角讲述了自己的妈妈，我看了以后很受鼓舞。孩子说，我的妈妈有很多不会的事情。她不会做美味的大餐，照着食谱也依然各种手忙脚乱；她不会言行一致，会叮嘱别人早睡早起身体好，自己却总是熬夜；她不会坚持，说着让我自己做，却还是会忍不住帮我系鞋带、背书包……我妈妈不会的事情太多了，但有一件事我知道她很会，那就是做我的妈妈。

妈妈可能不会做好吃的饭菜，可能不会玩有趣的游戏，可能会看不懂孩子的小心思，但妈妈的爱却一直温暖着孩子。

（2）妈妈也是一个普通人，可以有自己的生活和喜怒哀乐

做了妈妈以后，我们的确需要大量精力去照顾孩子，从饮食起居到生活习惯、学习习惯的培养，这是必然的，却不代表我们的生活只能有孩子。

我们依然可以有自己的小爱好，即使不能去电影院看电影，也可以在家里买个投影仪，即使不能外出上班，也可以在家里有个自己的小书房来工作，想逛街的时候可以带着孩子跟闺蜜一起逛街喝茶，想独处的时候也可以找个角落自己待一会儿。有段时间，我每天晚上都会以上厕所为由，在卫生间待半个小时看看剧听听音乐，让老公带着可乐玩游戏读绘本。

（3）孩子可以不完美，妈妈也可以不完美

不完美是生活的常态，在前面，我们一直说要接纳孩子的不完美，这里我们要说，妈妈们更要接纳自己的不完美。养育孩子的过程是双向的，学霸妈妈也可能养出学渣孩子，学渣妈妈也可能教育出学霸孩子，无论我们多么完美，孩子在成长过程中都会充满不确定性，更何况我们不可能做到完美。

（4）给孩子自由，懂得放手和示弱

放手比较好理解，就是多给孩子自己成长的机会，少一点干预。而对于示弱，妈妈可以多尝试一下。心理学上有一个叫"沟通邀请"的概念，在亲子关系中，妈妈学会示弱，采用一种寻求支持的方式去跟孩子沟通，这样会让孩子有被尊重的感觉，进而更愿意靠近妈妈。

比如在读绘本的时候，不要总是试图去回答孩子的问题，偶尔一脸幼稚地跟孩子一起讨论"霸王龙为什么叫霸王龙？""乌龟为什么会赢了小兔子？"这样反而会拉近你跟孩子的距离，让他跟你贴得更近。

好的亲子关系，不是照本宣科地去尊重、理解、看见、共情、呵护等，而是找到彼此喜欢的相处方式，你发自内心地去爱我，而我刚好懂得你的爱。

比起一个 100 分的妈妈、一个完美的妈妈，孩子更喜欢一个 60 分的妈妈，因为这样的妈妈不仅能够放手给孩子足够的成长空间，还能跟孩子一起成长。

6.2 让爸爸从"猪队友"升级为"养育合伙人"

爸爸带娃靠谱吗？对于很多宝妈来说，这真是一个灵魂拷问啊。经常听到妈妈们吐槽自己的老公是"没用的母婴产品""育儿路上的拦路石"："女儿都 10 斤了，居然买回 NB 的纸尿裤""给娃换纸尿裤，要么前后不分，要么弄得尿和粑粑流一床""帮忙看会儿孩子，五分钟以内肯定会把孩子惹哭，简直是神助攻"。

这也就罢了，"猪队友"的功力绝不止于此，帮不上忙也就算了，还添乱，挑毛病的水平杠杠的："孩子怎么还不睡，你白天能不能让他少睡点""孩子怎么会感冒呢，你怎么看孩子的？"

一来二去，妈妈被逼成了"超人妈妈"，而爸爸也被逼成了"巨婴爸爸"，却不知道爸爸带娃的能力其实被低估了。

01 每个爸爸都是一支带娃的潜力股

在考绘本阅读指导师的时候，我加入了一个绘本分享的社群，一位妈妈分享了她老公从一个"家庭的边缘人"到"带娃狂魔"的转变。

儿子出生后，她辞职做了一位全职妈妈，为了充分发挥自己的价值，她成为文武双全的全能型妈妈，负责儿子的衣食起居、亲子

有温度的沟通，感受有温度的爱

教育，扛着几十斤的妈咪包带着儿子全国各地旅行，大包大揽了所有事情，孩子爸却成了一个在家里毫无存在感的爸爸。

直到有一次儿子在上平衡车课表现出不够勇敢的一面时，她才意识到，哪怕自己拼尽全力做到100分，对孩子来说也只有50分，儿子在爸爸肩头所看到的风景跟在妈妈怀抱中看到的是不一样的。孩子爸也道出了心声，不是不想承担对孩子的责任，而是不知道怎么做。

后来，这位妈妈要创业，爸爸也顺理成章地接手了带娃的任务，让人意想不到的是，这位爸爸居然成了一名优秀的奶爸，给孩子做饭、带孩子玩游戏、陪孩子做作业样样拿手，不仅如此，这位爸爸在妈妈的带动下，还成了一名绘本阅读指导师。

每个爸爸都是一支潜力股，育儿从来不是妈妈的专属。绘本《爸爸成为爸爸的那一天》中，宝贝问爸爸："妈妈生了小宝宝就变成了妈妈，那么爸爸是什么时候变成爸爸的呢？"从怀孕那一刻起，妈妈感受到了自己身体的变化，早早地做好了做妈妈的准备，可爸爸大多是在看到孩子、把孩子抱在怀里以后，才开始学着成为爸爸的。成为一名合格的爸爸，需要一段或长或短的成长期，但可以肯定的是，只要给他们成长的机会，每个爸爸都会"长大"。

02 爸爸让男孩更像男孩，让女孩更像女孩

有一位著名文学家曾说过，一个父亲胜过100个校长。还有一位心理学家对父亲的作用也给予了肯定，他认为，父亲是一种独特的存在，对培养孩子有一种特别的力量。爸爸在孩子的成长中扮演着极为重要的角色，对孩子安全感的建立、认知的形成、性格的培养、人际关系，尤其是亲密关系，都会产生巨大的影响。

对于男孩来说，爸爸为他提供了一种"男人的模板"。

诗人北岛在《给父亲》中写道："你召唤我成为儿子，我追随你成为父亲"，体现了一个父亲对儿子的影响，儿子长大后，身上会留下父亲的影子。男人比女人更有探索精神和宽容精神，因而父亲的陪伴会让男孩更勇敢自信，也更有担当。

记得有一年夏天，外地的朋友来我家玩，他家儿子阳阳跟我女儿一起玩闹的时候，不小心把我手机扔到地上，手机屏摔裂了。阳阳说是女儿扔的，女儿还不太会说话，平日里也经常扔我的手机，于是也就信以为真。后来，接到朋友电话，原来，阳阳终于鼓足勇气说了实话，告诉父母其实是自己摔坏手机的。朋友说下个周末会带儿子来给我赔礼道歉，我笑他太小题大做了，手机已经修好了。到了周末，朋友真的带着儿子来给我道歉，并把修手机的钱给我，三百多里路，近两个小时的车程……他却说"养不教，父之过，我要用这 300 多里路告诉他，什么是一个男子汉应该有的样子"。

如果说爸爸让男孩更像男孩，那么他也会让女孩更像女孩。

对于女孩来说，爸爸为她提供了一种"男人的标准"。

正如前面所言，爸爸比妈妈更具有探险精神，在陪伴孩子的过程中，无论是儿子还是女儿，都更能激发他们心中的勇气、自信和担当。除此以外，爸爸是女孩生命中的第一个男性形象，她对于男性的认知和理解来自父亲，并在日积月累中慢慢形成所谓的"男人的标准"，觉得男人就应该是这样的。这种标准会影响女孩婚姻观和亲密关系的建立，以后伴侣身上也多少会有父亲的影子。

在女儿性别角色养成的重要时期，爸爸的宠爱和赞美，会赋予女孩强烈的自我价值，让她变得自信、优雅，享受自己的女性角色，绽放出女性的魅力。而爸爸对女儿的宠爱，对妈妈的宠爱，为女儿诠释了什么才是爱的模样，它将更有助于女儿在未来处理跟异性之间的关系。

不管是天性使然还是后来的教养，爸爸的一言一行会成为孩子的榜样，当然这个榜样的好坏取决于爸爸，因而，爸爸应该努力成为孩子学习的榜样。

03 爸爸成为"养育合伙人"，从妈妈的"我愿意"开始

可乐一岁半左右的时候，我去"凯叔讲故事"参加活动，因为要在北京住一晚，特别担心老公带不好孩子，毕竟他从来没有单独照顾过女儿。我在家里贴了无数张便利贴，出差在外也是不停地微信："给孩子喂奶粉了吗？""孩子今天哭了吗？""今天跟孩子玩什么了？"

老公常常假装看不到那些信息，只是时不时地发几张他们一起玩的照片，还配文"妈妈我很好"。看着老公拍的视频，我发现其实男人真的可以照顾好孩子，虽然两人把家里弄得一团糟，衣服、零食扔得满地都是，但是女儿和爸爸都很开心。

爸爸要成为妈妈的育儿合伙人，先有妈妈的"我愿意"，才有爸爸的"我能行"。每个爸爸都是带娃的潜力股，这段成长期需要妈妈的鼓励，孩子的人生需要多种体验，不是每一场风每一场雨都要躲进妈妈的怀抱，偶尔跟着爸爸在雨中跳跳泥坑也会有不一样的乐趣。妈妈多放手，给爸爸多一点信任，少一点质疑，多一点赞赏，少一点批评，或许你们带娃的方式不一样，但孩子不仅需要妈妈温暖的呵护，更需要爸爸强有力的支撑。

在老公手忙脚乱地试着去照顾宝贝的时候，不要嫌弃他，而要多给他一点肯定，暗示他可以成为一名合格的超人爸爸。在他带娃看球赛的时候，可以说："这样可以培养孩子的兴趣，超级赞，但是为了保护孩子的眼睛，一天不能超过半个小时。"在他给孩子检

查作业不耐烦的时候，可以说："爸爸的数学超级棒，数学作业交给爸爸绝对没问题，爸爸要再耐心一点喔。"

可以约定一个爸爸陪娃清单，这 10 件事都可以放手让爸爸做。

1. 多抱抱孩子。爸爸的拥抱会比妈妈的拥抱更有力量，也更有安全感，爸爸可以让孩子在自己怀抱里听故事、读绘本、看球赛。

2. 陪孩子去探险。爬山、攀岩、骑行、滑冰、高空拓展、野外生存……带着孩子去探索世界，让孩子保持一份好奇心，在探险过程中孩子可以变得更勇敢。

3. 每天陪孩子玩至少五分钟游戏。爸爸在陪孩子玩游戏的时候会更有创意，也更有趣，纸箱子游戏、举高高游戏、枕头大战游戏、影子跳舞游戏等都是不错的选择，通过玩这些游戏，爸爸可以成为孩子最喜欢的玩伴。

4. 陪孩子运动。多带孩子去户外运动，这样有助于增强孩子的体质。周末的时候，爸爸可以多带孩子去户外跑一跑，跳一跳，踢踢球。

5. 陪孩子吃晚餐。可能有的爸爸工作忙，不是每天都有时间，但还是建议每周能抽出时间跟孩子一起吃晚餐，餐桌上聊一聊学校的生活，聊一聊周末出行的计划，这样可以拉近彼此之间的距离。

6. 给孩子读绘本、讲故事。小朋友特别喜欢恐龙，我家可乐也是，像恐龙故事、冒险故事，爸爸讲起来会比妈妈更有优势，还有一些科普类的绘本，比如《神奇校车》，我给可乐讲的时候常常一脸懵，但是可乐爸爸就可以讲得很有趣。

7. 跟孩子聊聊自己的工作。尤其是一些陪伴孩子时间较少的爸爸，可以跟孩子聊聊自己的工作，让孩子对你多一点了解的同时，也会少一些误解。

8. 每周固定一段独处的时间。一对一独处是一个真正建立亲密关系的好机会，妈妈跟孩子独处的时光比较多，亲子关系会更亲密，

有温度的沟通，感受有温度的爱

爸爸也可以跟孩子每周固定一段时间独处。比如周末一起去海边看日出，一起去参观博物馆，一起做一个手工，一起看一场球赛。

9. 跟孩子一起为妈妈准备生日礼物。有句话说，爸爸爱妈妈是给孩子最好的教育，在宠爱妈妈这件事上，爸爸尽情地放手去做吧！

还记得去年我过生日，可乐爸带着可乐一起给我定生日蛋糕，还准备了一张卡片，可乐特别兴奋，我生日那天醒来第一句话就是"妈妈，今天是你生日，生日快乐"，不仅如此，还催促着爸爸赶紧对妈妈说生日快乐。

10. 接送孩子上下学。平时都是我或者爷爷奶奶送可乐去幼儿园，她经常问我"爸爸为什么不送我去幼儿园？""爸爸怎么不去幼儿园接我？"每当这个时候，我都会跟她说，爸爸工作忙没有时间，她也只好失落地回应"好吧"。还记得有一次爸爸请假去送她上学，她开心得不得了。

对于工作比较忙的爸爸来说，接送孩子上下学似乎有点困难，但若条件允许，还是希望爸爸能偶尔接送孩子一次，哪怕一学期就一次。

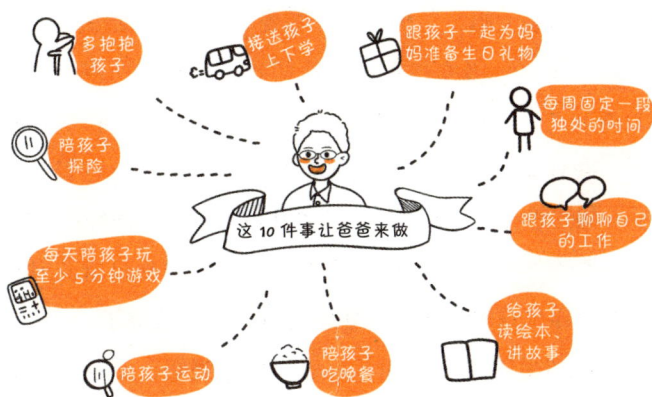

多抱抱孩子　接送孩子上下学　跟孩子一起为妈妈准备生日礼物
陪孩子探险　每周固定一段独处的时间
这 10 件事让爸爸来做
跟孩子聊聊自己的工作
每天陪孩子玩至少 5 分钟游戏
给孩子读绘本、讲故事
陪孩子运动　陪孩子吃晚餐

❤ 爸爸陪娃清单：这 10 件事可以让爸爸来做

滋养：营造温暖有爱的成长环境

6.3 "好好说话"的家庭，孩子更幸福

提到"好好说话"这个话题，我想起了几年前看过的一个视频，当时看完真的很震惊，没想到亲人之间一句很平常的话，没有指责，没有谩骂，却会因为语气不好而让听到的人很受伤。

视频中，孩子在工作人员的要求下给爸爸妈妈打电话，爸爸妈妈则是模拟平时说话的语气给孩子回应。第一组家庭中，小女孩给妈妈打电话，就问了一句"妈妈，你在哪？"妈妈则很不耐烦地回答："我在骑车，你要干吗？"小女孩有些委屈地说："给妈妈打电话，结果被妈妈骂了。"等女孩第二次给妈妈打电话的时候，妈妈的语气就更为不好了，"你一直打电话干什么？很烦"，在妈妈挂断电话的瞬间，女孩直接哭了。第二组家庭中，弟弟先给爸爸打电话，只是问了一句"爸爸，你在哪"，爸爸就很不耐烦地回应："我很忙，打电话干吗呢？"弟弟有些被吓到了，等到姐姐再给爸爸打电话的时候，爸爸同样是这种态度，姐姐难过地低头不说话了。

后来，摄制组的镜头对准了年老的爸爸妈妈，当爸爸妈妈给孩子打电话的时候，孩子们的语气同样很差，爸爸妈妈同样都表现出了失落和难过。

我们常常把耐心和好脾气给了陌生人，而把自己糟糕的一面留给

有温度的沟通，感受有温度的爱

我们最亲的人，在他们面前肆无忌惮地说着伤人的话，我们以为他们是亲人，不会介意，会包容，会理解，却低估了那一句句话的杀伤力：**多少亲子关系因为不好好说话而变得剑拔弩张；多少婚姻因为不好好说话而最终走向破裂；多少家庭因为不好好说话而矛盾重重。**

良言一句三冬暖，恶语伤人六月寒，再深的感情、再大的信任也经不起一次次的恶语相向。家应该是传递温暖和爱的地方，亲子之间要好好说话，夫妻之间也要好好说话，比起其他人，亲人更需要鼓励、夸奖、赞美、耐心和爱的语言。

01 对孩子，多一点鼓励和夸奖

孩子需要鼓励，就像植物需要水，鼓励是他成长必不可少的养分。有些父母出发点明明是好的，可就是喜欢用不当的方式来激励孩子，"怎么这么笨手笨脚的""如果你下次考第一，那爸爸会更开心"，如果真的是想激励孩子继续努力，为什么不直接跟孩子说"你这次表现很棒，妈妈为你骄傲，继续加油""爸爸相信你可以做得更好"呢？

还有的家长喜欢"逗"孩子，跟孩子开玩笑，结果搞得孩子很不开心，家长自己也很委屈，认为"我只是开个玩笑嘛"。心理学家苏珊·福沃德认为，小孩是不会区分事实和玩笑的，他们会相信父母说的有关自己的话，并将其变为自己的观念。

有段时间，可乐非常不喜欢爷爷陪她玩，原因是可乐对于想玩什么怎么玩都有自己的想法，可爷爷呢，非要可乐按照他的想法来玩，一来二去，可乐就不理爷爷了。爷爷气得跟她说"你再不理我，我就再也不给你买玩具了，再也不喜欢你了"，可乐也气呼呼地跑开了，爷爷再去哄的时候，可乐直接哇哇大哭。我知道爷爷非常疼爱可乐，恨不得有一块钱给她花十块钱的那种，我问爷爷："你孙女如果不理你，你就真不给她买玩具、不喜欢她了吗？"爷爷觉得我问得很可笑，不在乎地说："怎么可能啊，我就是开开玩笑。"

大人觉得自己只是开开玩笑，可孩子是分不出那是开玩笑还是真的放狠话的，"逗"孩子是为了孩子开心，而不是捉弄孩子。

对孩子，少开一些不合时宜的玩笑，少打击少指责少批评，多一些鼓励和夸奖，多一些爱的语言。

02 对伴侣，多一点赞美和爱的语言

《幸福的婚姻》中，婚姻教皇约翰·戈特曼提到一个**"喜爱与赞美系统"**的概念，是指夫妻双方保留了对彼此最基本的感觉，觉得对方值得尊重、敬佩，甚至喜爱。这个系统是很脆弱的，经不起太多的打击，因此夫妻双方需要不断地修复和重建喜爱与赞美系统。

在琐碎的柴米油盐中，我们会面临一个又一个问题，钱的问题、孩子教育的问题、婆媳关系问题……这些都是绕不开的，再恩爱的夫妻也会有吵架拌嘴的时候，毕竟两个人身上背负着二三十年的生活习惯，甚至还有自己父母相处的婚姻模式。即便面对牙膏从中间挤还是从下端挤、饭菜喜欢偏咸还是偏淡等这样的小问题，两人都会出现分歧，更不用说身处情绪中说出一些伤人的狠话了，那些"攻击"是会留在对方心里的。

亲密关系中的两个人对彼此更熟悉，更懂得对方的痛点在哪里，因而真要诋毁攻击起来，那种杀伤力很多时候都是不可承受的。我有个朋友结婚半年就离婚了，她最受不了前夫嫌弃她的学历低，但前夫几乎每次吵架都会揭她的短，日子久了，她实在受不了了。婚姻不再只是最初相识的你侬我侬，平平淡淡的生活本就会一点点消磨掉曾经的甜蜜和美好，又怎会承载得了日日的指责和抱怨呢？

每个人心中都有一个 **"情感账户"**，如果这个人对我好，就是向情感账户中存钱；如果这个人对我不好，就是从情感账户中取钱。婚姻中，账户资产的多少决定着婚姻的幸福度。多给对方点赞，比如"只要是你做的饭，无论做什么都很好吃"，多一些爱的语言，在对方失落的时候给他一句认可、一个拥抱，在结婚纪念日的时候，给对方精心准备一份她心仪已久的礼物。

每个孩子都期待着拥有一个温暖有爱的家庭，但从出生的那一刻开始，孩子无法重新选择自己的父母，可父母却可以选择成为多样的父母，彼此爱慕的还是恶语相加的，有说有笑的还是吵吵闹闹的。你想成为什么样的父母，这一点完全可以由你自己来定。

03 对父母，多一点耐心和包容

我老公有一点是我特别欣赏的，就是对父母特别细心，也特别有耐心。有一年五一假期，我妈来看我，由于她没有过坐船的体验，因此老公特意制定了坐船去灵山岛游玩的路线，不仅如此，游玩那天还带着她去码头看了刚刚打上来的海鲜，给她耐心地介绍这是砺虾，那是虾虎，这是八带鱼，那是笔管鱼。等到拍照的时候，我妈拍了很多海景，老公就"指导"她怎么拍比较好看，还给她拍了很多张单人照，教她发朋友圈，我妈很开心，回去一直跟我爸夸她的女婿。

父母老了，可能不太适应社会的快速发展，不会用智能手机，听不懂你说的网络语言，甚至理解不了你一直抱着手机刷刷刷是在工作。我刚开始写作的时候，需要查很多的资料和素材，经常坐在沙发上刷手机，我婆婆就很不解"不让孩子玩手机，自己倒是一直玩手机"，直到后来，我告诉她可以上微博看热搜，可以在手机上看电子书，她才知道我不是在玩。他们不懂的时候，不要怼一句"说了你也不懂"，你不说，怎么就知道他们懂不了呢？

他们向你请教的时候，不要不耐烦地说一句"这么简单的东西，怎么还不会？""有这么难吗？怎么学了五六遍了还弄错"，你知道他们需要鼓足多大的勇气才向你请教的吗？如今的他们就像小时候的我们，我们需要像小时候他们教我们写123那样，对他们耐心一点。

言传身教，你的孩子会从你身上学到怎样尊重父母，学到什么是"孝"，无须苦口婆心，他们就会爱自己的爷爷奶奶姥姥姥爷，爱自己的爸爸妈妈。

💬 04 好好说话，是一个家庭最宝贵的家风

有句话说"长大后我就成了你"，轮回的力量不可小觑。父母不好好说话，彼此诋毁，孩子在长大后也可能会出口伤人，无形中成为不好好说话的父母，继续伤害着自己的孩子。而父母如果能够好好说话，彼此包容、鼓励和赞美，那么孩子自然会对爱多一些感知，对世界多一些善意，无论是对自己的亲人还是陌生人，都会多一些包容和接纳，享受着亲密的亲子关系和和善的人际关系。

父母在生命最初为孩子搭建起的世界的模样深深地影响着孩子以后的生活方式，甚至会影响着他们的一代代后辈。

作家马伯庸曾经写道："一个家族的传承，就像是一件上好的古董。它历经许多代人的呵护与打磨，在漫长时光中悄无声息地积淀。慢慢地，这传承也如同古玩一样，会裹着一层幽邃圆熟的包浆，沉静温润，散发着古老的气息。古董有形，传承无质，它看不见，摸不到，却渗到家族每一个后代的骨血中去，成为家族成员之间的精神纽带，甚至成为他们的性格乃至命运的一部分。"

好好说话，就是一个家庭最宝贵的家风，它值得传承下去，渗透到一代代后辈的骨血中。

6.4 被老人"宠"大的孩子，更暖心

一提到"隔代养育"，大家似乎都有一肚子苦水：

孩子爷爷太惯孩子了。

孩子奶奶的审美真的没法看。

我教育孩子，我妈居然跟我急了，嫌我太严厉……

孩子到底该不该让老人带，成了很多妈妈不愿提及的痛，她们一方面要工作，不得不让老人帮忙带孩子，另一方面又担心孩子被老人惯坏了，老人的教育理念不科学。作为一个五岁孩子的妈妈，我做过全职妈妈，也做过职场妈妈，在养育可乐的过程中，我的公婆给我提供了很大的帮助，尤其是我的婆婆。

时代的发展，观念的变换，老人的一些育儿理念可能有些落后，但不能因此抹杀了隔代育儿的好处，那些真正被老人宠大的孩子不仅拥有成长的自由，还更暖心。

01 被老人宠大的孩子，真的会被惯坏吗

对于孩子来说，再多的爱都不过分，孩子需要在宠爱中长大，而爷爷奶奶姥姥姥爷对孩子的爱，真的是无条件的，毫无保留的，

倾尽所有的，他们不在乎孩子的成绩考多少，不在乎孩子有没有特长，不在乎孩子跟他们亲不亲，只是单方面地给孩子源源不断的爱。

平时花 10 块钱都心疼的爷爷，听说孙女爱吃草莓，一下子买了 50 块钱的；知道孙子喜欢玩沙子，虽然只有三天的假期，爷爷仍然特意去拉了一大车沙子回来，只为让孙子玩个够；听说外孙要来，姥姥姥爷把外孙喜欢的东西列好清单，一一对照着买回来……这样温暖的故事还有很多很多，就发生在千千万万个家庭中，发生在你我身边。

当然宠爱不是溺爱，宠爱和溺爱有着本质的差别，**宠爱**是站在孩子的视角给予认可、满足、自由，让孩子像孩子那样长大，而**溺爱**则是站在家长的视角去判断要不要满足孩子，打着"为了孩子好"的旗号去限制、控制孩子，或者给孩子想要的自由。

吃饭的时候，做了一大桌子孩子喜欢的菜，红烧肉、萝卜丸子、鲅鱼……看着孩子吃得开心比孩子还开心，这是宠爱。可是换一个情景，孩子其实不太饿，可是奶奶担心孩子饿着，就换着花样地哄孩子吃饭，轮番给孩子做了数道可能爱吃的菜，不停劝说孩子吃一点，这就是溺爱了。

孙子对乡下老家充满了好奇，想跟着一起种菜浇水，一起在田间放风筝，爷爷带着他一起去菜园种菜，一起制作风筝去田间放飞，满足孩子的好奇心，这是宠爱。可是怕弄孩子一身泥一身水不让他种菜浇水，就让他在旁边看着自己干，担心在田间放风筝不安全，干脆以不安全为由，带着孩子坐在旁边看别的孩子放风筝，为了孩子"好"而不给孩子自己体验的机会，这是溺爱。

刚上幼儿园的宝贝有点不适应，早上晚一点去送，下午早一点去接，这是宠爱。可是担心孩子不习惯幼儿园的食物、作息时间，甚至怕孩子在幼儿园受委屈，上了两天，奶奶就直接把孩子接回家，这是溺爱。

溺爱会惯坏孩子，但宠爱不会。真正被宠爱的孩子，内心得到了及时的满足，非但不会被惯坏，反而会因为这份宠爱而变得自信、有底气。

作家庄羽曾经分享过她小时候被姥爷宠爱的故事，她十个月大的时候被送到农村姥爷家，一待就是十年。那十年里，姥爷对庄羽极尽宠爱，遇到冬天大冷天，姥爷就背着她去学校，然后回家再端一碗热腾腾的粥给她，看着她喝完才离开；即使家里不富裕，她也可以去村口的小卖部随便拿着吃，随便赊账，姥爷会定期去小卖部结账。她说，姥爷对她的疼爱，给了她一辈子的底气，让她在长满青春痘、体重140斤的青春期，依然相信自己值得被人珍爱，让她在多年后即便遭遇巨大的打击，站在濒临崩溃的边缘，也依然没有选择放弃。

小时候被爱，是人一辈子的铠甲。爷爷给自己做喜欢的玩具车，奶奶给自己做爱吃的红烧肉，跟着姥爷一起种菜，跟着姥姥一起跳广场舞……这些平凡的、琐碎的画面，会一点点留在孩子的记忆中，温暖着他的一生，会时时刻刻告诉他"我是一个被爱着的人，也是一个值得被人珍爱的人"。

02 关于隔代育儿，父母的焦虑在哪儿

在中国，隔代育儿比较普遍，总结起来，父母的焦虑点大多集中在以下三个方面。

一是过度依赖经验，育儿方式不科学。

有过养育孩子的经验是好事儿，尤其是孩子刚出生的时候，新

手妈妈容易慌乱，有老人一起帮着照顾孩子，心里就会有底。但是老人们往往过于依赖自己的经验，孩子哭了不让抱，怕惯坏孩子，孩子发烧了捂一捂，怕孩子冻着给孩子穿很多很多衣服……这些其实都是不科学的，但当两代人因育儿理念不同而发生冲突时，老人们最喜欢说的话就是"我们以前都是这么养孩子的，个个都长得很好，白白胖胖的，怎么到你这儿就不行了"。

分析：两代人育儿理念的冲突，更多的是不同时代环境下两种经验的碰撞，发生这样的冲突在所难免，可以试着多跟老人分享科学的育儿方法，用一些实际的例子让老人信服。

二是过度溺爱孩子，阻挠父母教育。

老人容易过度溺爱孩子，看不得孩子受一点点委屈，都忘了自己当年是多么严格了。冬天的时候可乐起床晚，若按照她的节奏到学校就九点半了，于是我决定早上早一点叫她起来，对此，婆婆却说"哎呀，才上幼儿园，不用按时去学校"，遇到周一升旗，早一点叫她起床参加升旗仪式，婆婆又会说"小孩子，参不参加都行"，可乐常常也会跟着说"是啊妈妈，去不去都行"。

网上类似的吐槽特别多："孩子做作业磨磨蹭蹭的，我气急了训斥孩子，我爸却过来说现在哪还有训孩子的，学校布置的作业太多了，小时候我做不完作业，他可是直接上手的""孩子在公交车上大声说话，我正在教育孩子，我妈却说小孩子懂啥，长大了就知道了"。

分析：在教育孩子方面，"教"的主动权要握在父母手中，可以跟老人做一个约定：孩子的衣食起居方面，他们可以负责多一点，但教育方面，尽量不要干涉。当然在具体沟通的过程中，语气要委婉一些，我会在下文中详细讲述。

有温度的沟通，感受有温度的爱

三是妈妈担心·孩子不跟妈妈亲了。

有句话说"孩子跟谁睡，就是谁的孩子"，这句话让很多妈妈惶恐，担心自己的孩子跟奶奶或者姥姥太亲了，反而跟自己不亲了。碰到那种喜欢把"不哭不哭，妈妈坏，坏妈妈"挂在嘴边的老人，更是让人头疼。

分析：孩子跟妈妈有着天然的亲密联结，不会轻易被取代，但前提是在孩子需要陪伴的时候，尤其是三岁前跟孩子建立起安全的依恋关系。对于经常说"坏妈妈"、破坏亲子关系的老人，要进行必要的沟通。

03 老人帮忙带娃，1+1>2 真的不难

生孩子，人手是个大问题，每个家庭无外乎四个选择：妈妈辞职、老人帮忙带娃、老人独自带娃、请保姆。对于大部分普通家庭来说，基于经济条件和情感联结的考虑，老人帮忙一起带娃已成为一种最优选择。

爱孩子，是我们的本能，也是我们的父母的本能。育儿观念的差异，只是两代人对孩子爱的不同方式，但爱是不变的。老人帮忙带娃，有利有弊，但我们可以通过两代人的努力，实现 1+1>2 的效果。

（1）父母以"教"为主，老人以"养"为主

在孩子的教育问题上，父母承担着绝对主导性的责任，任何时候，都不能做一个甩手掌柜，把孩子简单地丢给老人。跟老人做一个分工，他们时间比较充足，可以在衣食起居上承担的多一些，但在孩子的教养、习惯的培养方面，还是要以父母为主。

（2）多给老人一些带娃的自由，找一种比较舒服的平衡

有句话说"老大照书养，老二照猪养"，真的一点也不为过，可乐刚出生的时候，我很紧张也特别较真，买什么牌子的纸尿裤，什么牌子的衣服，都是比较来比较去，看网购攻略，看商品下面的留言，偶尔喝一次奶粉更是谨慎，水温、奶粉和水的比例都要非常精确，差一点都觉得不行，婆婆会觉得我太较真，我会觉得婆婆怎么心这么大。

但如今回看会发现养孩子其实也没有必要事事都那么"精细"，孩子不是温室里的花朵，洗澡的时候 37 度和 38 度，其实差不了太多，买什么牌子的纸尿裤，只要有品质保证，都可以。

在一些日常的照料上，如果老人的经验足够应付，孩子也没有表现出不适，妈妈可以睁一只眼闭一只眼。

（3）在尊重理解的基础上沟通，带着老人一起成长

我带可乐在小区玩的时候，会听到一些老人聚在一起"诉苦"，他们其实很怕带不好孩子，听见儿媳妇说自己的经验会对孩子产生伤害的时候，也会很内疚。我们父母希望给孩子好的照顾，老人更是这样，他们有时候固执地相信自己的经验，也是因为在他们的认知中，那些经验是有效的，如果这些经验跟科学育儿的方法有冲突，他们愿意改。

可以带着老人一起学习科学的育儿知识。从以往经验来看，如果只是单纯地告诉他们"这样是不科学的"，他们可能会有抵触，觉得"我当了 30 多年的妈了，你才当了几个月，知道的就比我多吗"，他们会对你提到的育儿知识不够信服，但他们通常相信专家说的。

对于喜欢玩手机的老人，可以教他们关注一些育儿专家的公众号、抖音号进行学习，也可以把看过的一些不错的文章、视频分享给他们。

亲子关系
有温度的沟通，感受有温度的爱

对于不喜欢玩手机的老人，可以给他们买一些经典的育儿书籍，还可以打印纸质版。记得可乐出生后，我打印了一些关于肠绞痛、黄疸、幼儿急疹、感冒等方面的资料给婆婆，婆婆学得很认真，还用记号笔做了标记。

如果老人的方式错了，沟通的时候语气一定要委婉一些。可以用商量的口吻告诉她科学的育儿方式，而不是以一种咄咄逼人的口吻给予指责，更不要时时带着挑剔的心态去审判老人的每一个行为。换一种沟通方式，告诉老人"妈，听育儿专家说，孩子穿的衣服太厚，很容易出汗感冒，咱还是谨慎点好""妈，你做的这个鸡蛋饼真香，要是再放点蔬菜和牛肉，营养就更丰富了"。

❀ 换一种方式跟老人沟通

最后特别说明一下，有一部分父母迫不得已需要把孩子送回老家，由老人单独照顾，这种情况可以通过电话、书信等方式多跟孩子联系，保持彼此的沟通和陪伴，将来如果把孩子接回身边，要谨防"二次抛弃"现象的出现。

6.5 用心陪伴，给孩子涂上最温暖的人生底色

陪伴，既是一个老生常谈的话题，又是一个说再多都不为过的话题。构建亲密融洽的亲子关系，离不开父母的看见、共情、鼓励、赋能，离不开家庭环境的滋养。所有对孩子的看见、共情、鼓励、赋能、滋养都是以陪伴为基础，在陪伴中完成的，因而，在本书的最后一节，我们将落脚点放在"陪伴孩子"上。

一提到陪伴孩子，很多父母都会莫名地焦虑，虽然知道陪伴对孩子来说太重要了，想要时时刻刻陪伴在孩子身边，见证他成长的每一个瞬间，可是因为生活的压力，要工作要赚钱，又不得不减少陪伴时间。多少父母面临着这样两难的选择，而又有多少父母选择了放开孩子的手，不仅自己承受着无尽的思念，孩子也独自承受着无尽的孤独！

如果父母无法长时间陪伴孩子，那么就需要在有限的时间里提高陪伴质量。那么如何给孩子高质量的陪伴呢？下面就分享给爸爸妈妈们。

01 陪伴的时候要"专心"

陪伴不仅仅是陪着，更不是假装陪着，放下手中的手机，拉回自己的思绪，不要再想工作上的事情，跟孩子保持同样的关注点，并进行互动交流，这样孩子才能感受到你的陪伴。

我经常会陪可乐一起看动画片，看的时候她会兴奋地哈哈大笑，也会害怕得躲在我的后面，如果足够专心的话，就可以迅速 get 到她的笑点和恐惧源。这样当孩子再害怕的时候，你就不会觉得莫名其妙，更不会来一句"这有什么好怕的"，而是通过剧情能够感同身受孩子的害怕，在此基础上帮孩子化解那些恐惧。

专心地陪伴孩子，用心感受着孩子的感受，自然会了解她的喜好，懂得她的需求，发现她的兴趣，用她喜欢的方式给予鼓励。

02 陪伴的时候保持一颗"童心"

心理学家做过一个实验，在一张白纸上用黑墨水滴了一个黑点，问这是什么？成年人的回答基本一致：一个黑点。而小朋友的回答则千奇百怪：一只断了尾巴的蝌蚪，一只被压扁的臭虫，一粒黑芝麻，一顶帽子……

童年应该是欢乐有趣的，天马行空的，而不是统一标准的，在陪伴孩子的时候多一点童心和趣味，当听见孩子说了一些有趣的话时，不要觉得可笑或是无动于衷，可以跟他进行有趣的互动，比如可乐喜欢给自己起名字，看超级飞侠的时候，她喜欢乐迪，就给自己起了个乐迪嘉嘉的名字（她的大名中有个"嘉"字），我和她爸也跟着给自己起了个乐迪 XX 的名字，我们三个人玩儿这个游戏竟然玩了好一会儿，睡前一个小时都在玩儿。

像孩子那样跟孩子玩在一起，才会真正走进孩子的内心。

03 陪伴的形式可以是多样的

我们通常所说的陪伴，大多包括陪伴孩子一起吃饭聊天，一起玩过家家，一起读绘本，一起做家务，一起看电影，一起旅行等，其实用心的陪伴，不拘泥于时间的长短，也不拘泥于采用什么样的形式，形式可以多种多样，只要根据家庭实际情况找一种能够传递爱和陪伴的方式即可。

我有个朋友常年出差在外，但她每天都会跟孩子视频聊天，通过自己跟孩子和家人的聊天来了解孩子这一天中所发生的事情，有趣的，委屈的，伤心的，欢乐的，然后在朋友圈里以日记的形式记录下来，儿子知道妈妈有这个习惯，每天都会迫不及待地跟妈妈讲一些好玩的事情，催促妈妈记在日记里。每年年末，朋友都会将这些记录打印成册，送给孩子，她家儿子超级喜欢这份礼物。

还有位妈妈，喜欢在出差的时候给儿子写信，把自己在另一个城市的所见所闻都写在信中，夹上明信片，一封封寄给他。每次妈妈出差，儿子最高兴的就是收到妈妈的信了。

不管是写信的方式，还是日记的形式，每个孩子的喜好不同，所需的陪伴也不同，打造一个属于你和孩子的"亲子时间"，最重要的是让孩子感受到你的爱。

04 每个年龄阶段，陪伴的侧重点不同

孩子在每个阶段的心理特征不同，对父母的陪伴和关爱的感受也是不同的，因而，在不同的年龄阶段，陪伴也有其不同的侧重点。

有温度的沟通，感受有温度的爱

对于婴幼儿期的孩子，陪伴的侧重点是身心俱在。孩子不仅需要拥抱、触摸等肢体上的接触，更需要父母懂得他的小情绪小心思，能够时刻给予及时的回应。这一阶段，妈妈的陪伴尤为重要。

对于学龄前的孩子，陪伴的侧重点是接纳和鼓励。这一阶段是孩子的求知欲和探索欲爆发的阶段，也是一个状况百出的阶段，又是一个很容易陷入内疚和自我质疑的阶段，需要父母给予接纳和鼓励，告诉孩子"你可以"，引导孩子喜欢自己。这一阶段，爸爸的陪伴尤为重要。

对于学龄期的孩子，陪伴的侧重点是鼓励和发现。孩子们陆续进入小学，学到的知识增多，面对的挑战增多，自我意识也进入一个快速发展的阶段。在这一阶段，父母要多帮助孩子发现自己的天赋和兴趣，并给予鼓励和认可。

对于青春期的孩子，陪伴的重点是尊重和支持。有句话说，青春期的孩子希望能成为自己人生飞机的驾驶员，他们想要让父母爱他们、支持他们，但不要干涉他们追求自己的生活，除非在他们想要的时候。青春期是孩子情绪剧烈波动的时期，也是父母最为头疼和无助的时期，这一阶段父母要多听少说，多信任少评判，多支持少干涉。

05 在成长中的重要时刻，尽量陪在孩子身边

父母或许无法时刻陪在孩子身边，也无法见证孩子的每一个成长瞬间，但在他人生中每一个重要的时间节点，每一个重要的时刻，父母如果能够陪在孩子身边，就会让那一刻与众不同，这或许就是仪式感的力量吧！

第一天去幼儿园，你精心打扮，手牵手将她送到门口，跟他说一声"再见"，会让他更懂得成长的意义；过生日的时候，为他精

心准备一个生日派对，多年后或许他不记得吃了什么样的蛋糕，派对是怎么装饰的，可他会记得生日那天的欢乐和父母的宠爱；过新年的时候，跟孩子一起置办年货、打扫卫生、贴窗花、准备年夜饭，这会让他更懂得年的传承，体验团圆的幸福感。

德国作家洛蕾利斯曾经写道：有仪式感的人生，才使我们切切实实有了存在感。不是为他人留下什么印象，而是自己的心在真切地感知生命，充满热忱地面对生活。让孩子每一个美好而重要的记忆中，都有我们陪伴的身影。

陪伴是最长情的告白，在孩子最依赖你的时光里，用心陪伴他、滋养他，让他的内心充盈着满满的爱和温暖。希望有一天，当你看着他的背影渐行渐远的时候，能从那句"不必追"里，读出他前行的勇敢和满满的底气。

工具8 家庭打分手册

设置一个打分手册，家庭成员可以自己商定具体细则，每周一次，看看你的家庭会得多少分？

维　度	具体细则	分　数	结　论
日常照料			
沟通艺术			
情绪管理			
陪伴质量			
爱的表达			
		合计分数	

有温度的沟通，感受有温度的爱

测一测，你的亲子关系是多少分

在每一个问题后面的（　）中，填写你的答案，可以用"√"或"×"来表示。

♥孩子篇

1. 爸爸／妈妈经常抱抱、亲亲你，或者跟你说"我爱你"吗？　　　　　　　　　　　　　　　　　　　（　　）

2. 当你跟爸爸／妈妈讲话的时候，他们会认真听，并给出你期待的回应吗？　　　　　　　　　　　　　（　　）

3. 当你犯了错，爸爸／妈妈会理解你，并跟你一起寻找解决的办法吗？　　　　　　　　　　　　　　　（　　）

4. 你喜欢跟爸爸／妈妈分享你的事情吗？　　　　（　　）

5. 在外面受了委屈，你最先想到的求助对象是爸爸／妈妈吗？　　　　　　　　　　　　　　　　　　　（　　）

6. 有爸爸／妈妈在，你就会觉得什么都不怕吗？　（　　）

7. 你做不到的时候，爸爸／妈妈从来不指责，而是鼓励你说"你可以"吗？　　　　　　　　　　　　　（　　）

8. 爸爸／妈妈总是鼓励你勇敢说出自己的想法、选择自己喜欢的东西吗？　　　　　　　　　　　　　　（　　）

9. 爸爸／妈妈每天都会抽出时间来陪你吗？　　　（　　）

10. 你喜欢跟爸爸／妈妈在一起吗？　　　　　　（　　）

♥家长篇

1. 你经常亲亲、抱抱孩子，跟孩子说"我爱你"之类的话吗？（　　）

2. 当孩子跟你说一件事情的时候，你都会认真听，并迅速理解孩子的想法吗？　　　　　　　　　　　（　　）

滋养：营造温暖有爱的成长环境

3. 当孩子犯了错，你很少批评指责他，会仔细分析原因，跟孩子一起解决吗？　　　（　　）

4. 孩子喜欢跟你分享所见所闻吗？　　　　　　　　（　　）

5. 孩子受了委屈，会及时跟你说吗？　　　　　　　（　　）

6. 孩子遇到困难挫折的时候，你很少指责，总是给予鼓励吗？（　　）

7. 你总是鼓励孩子勇敢地说出自己的想法，并选择自己喜欢的东西吗？　　　　　　　　　　　　　　　（　　）

8. 你每天都会抽出时间来陪伴孩子吗？　　　　　　（　　）

9. 你能帮孩子保守秘密吗？　　　　　　　　　　　（　　）

10. 孩子经常会表达对你的喜欢吗？　　　　　　　（　　）

如果出现一半以上的"×"，那家长要留意亲子关系，并想办法调整。

如果孩子的"√"远远多于家长，那说明孩子的满意状况更好，家长可以放松一些，不必苛责。

如果家长的"√"远远多于孩子，说明在沟通上需要提升，需要让孩子更多地感受到父母的爱。

同时，家长要留意存在"大幅差异"的具体题目，从而有针对性地改进和提升。

有温度的沟通，感受有温度的爱